まえがき

　この資料は，司法研究報告書第64輯第2号として，司法研修所から刊行されたものです。

　実務に携わる各位の好個の参考資料と思われるので，当局のお許しを得て頒布することといたしました。

　平成25年3月

一般財団法人　法　曹　会

は じ め に

　我々研究員に委嘱された平成22年度司法研究のテーマは，「科学的証拠とこれを用いた裁判の在り方」である。

　刑事裁判において，物証等の証拠資料を，一定の科学的原理や科学的知見に基づいて分析（鑑定）した，様々な類型の科学的証拠の果たす役割が大きくなってきている。すなわち，科学的証拠は，人の認識や記憶に依拠する供述証拠と比べて，その内容の客観性，確実性が高く，また，通常は時間的経過によりその信用性が劣化することもないという大きな利点があることから，人の認識や記憶等の各段階に誤びゅうが入り込む危険性をはらんでいてその信用性判断には難しさが伴う供述証拠への依存を減らし，裁判の確実性，信頼性を高めるという意味で，その重要性が注目されているのである。

　反面，刑事裁判においてそうした科学的証拠を用いて事実認定を行うのは，科学の領域の専門家ではない法律家であり，裁判員裁判においてはこれに裁判員も加わることも考えると，果たして，高度の科学技術の分野に属する事柄を正確に理解した上で，その証拠の証明力等を適切に評価し判断することができるのかどうか，また，科学的証拠につき，科学の権威性に惑わされて無批判にその結論を受け入れて過大に評価してしまう危険がないのかどうかも，問題となり得るところであり，科学的証拠を用いて事実認定を行うに当たっては，こうした点についても注意深い対応が求められる。もっとも，科学的証拠が，それを導いた科学的知見が将来覆されることがあるかもしれないというだけの理由で，闇雲にその利用を忌避されるということがあるとすれば，こうした態度も非科学的で不合理なものというべきであろう。

　我々研究員は，このような問題意識の下に，科学的証拠を刑事裁判の事実認定に用いるに当たり，それが依拠する科学的知見の到達点を的確に理解し，刑事裁判における証拠としての適性や，科学的証拠のどの部分が科学的知見により導かれ裏付けられているのかといった点をも見極めた上で，いわば等身大の姿で刑事裁判に採り入れていくためにはどのような点に留意すればよいのかを追究すべく，本研究に着手した。

　しかしながら，科学的証拠のカテゴリーに入る証拠の類型は決して少なくない上に，それらが依拠する科学的知見も多種多様であり，それに伴い着目すべき点もおのずと異なってくることから，これらの科学的証拠を限られた期間内に網羅的に検討の対象とすることは，我々研究員の能力を超えるものであった。そこで，科学的証拠のうち，近時，検察官側の立証のみならず，被告人・弁護人側の反証という観点からも，とみに重要性が高まってきているＤＮＡ型鑑定を本研究の中心に据え，薬毒物鑑定などこれまでの裁判例で問題となったその余の科学的証拠については，必要な範囲で言及するにとどめることとした。さらに，本研究の方法についても，当初は，従前の司法研究においてしばしば行われてきたように，まず関係する裁判例の分析・検討を行うべく，最高裁判所事務総局刑事局，在外研究員として諸外国に留学中の多くの裁判官，各地の裁判所等の協力も得た上，科学的証拠を取り扱った裁判例や関連する情報を多数収集し，それを我々研究員で分担して読んで分析するという作業に着手するとともに，これと並行して，協力研究員を含めた研究員同士で情報交換及び意見交換を重ね，また，協力研究員の研究

室や科学警察研究所等を訪問してＤＮＡ型鑑定が実施されている現場をつぶさに見学する機会を持つなどした。ところが，そのようにしてＤＮＡ型鑑定に対する認識や理解を深めていく過程で，ＤＮＡ型鑑定のめざましい進歩を目の当たりにするに及び，今後の刑事裁判においてＤＮＡ型鑑定を事実認定に用いるに当たっての注意則といったものを導き出すという研究目的からすると，従前の方法によるＤＮＡ型鑑定を取り扱った裁判例の分析そのものは，それほど有益とはいえないことが明らかとなり，その結果，本研究の手法を根本的に見直すことを余儀なくされるに至った。

　そうした回り道を経てようやくまとめることができた本研究報告書は，次のような構成である。まず，第１章においては，裁判員裁判を念頭に置いた上で，ＤＮＡ型鑑定を中心に据えつつ，科学的証拠の問題点や限界等につき様々な視点からながめてみて，それに対してどのように対処したらよいのかといった点や，科学的証拠を事実認定に用いるに当たっての証拠開示の問題も含めた様々な訴訟法上の論点につき，できる限り広く取り上げて，諸外国の現状等も適宜紹介しながら，研究員の間で議論し検討を重ねた結果を記載することとした。そして，第２章においては，ほぼ完成の域に達しているとされるＤＮＡ型鑑定に関する最新の情報と，その信用性等の評価に当たって考慮しなければならない問題点ないし注意点を記載することとした。もとより，第１章の内容に関しては，裁判例もなく，議論がまだ十分に熟していない問題について，我々研究員の独自の見解を述べたものも含まれてはいるが，今後のより深い検討や議論の契機になればという思いから，あえて問題提起の趣旨も含めて記載している。また，第２章の内容に関しても，ＤＮＡ型鑑定の結果の評価等につき，インタビューに応じて頂いた著名な研究者の全面的な賛同までは得られなかった部分も含まれてはいるが，この点も，同研究者の異なった見解も併記し，問題の所在を指摘した上で，我々研究員の検討結果を記載している。これらの点については，今後の研究や議論の進展に期待したい。

　なお，本研究に当たっては，司法研修所における刑事実務研究会及び特別研究会への参加の機会を与えられ，多数の出席裁判官との間で有益な議論を行うことができた。また，在外研究員の方々から諸外国におけるＤＮＡ型鑑定の実情等について興味深い情報の提供を受けることができただけでなく，我々研究員の問題意識をも踏まえて米国等に派遣された裁判官らによる，ＤＮＡ型鑑定の研究者や司法関係者等への詳細なインタビュー結果などの貴重な情報の提供も受けることができ，大変参考になった。御協力頂いた方々に深く感謝するとともに，本研究報告書を作成するに当たり，情報の性質上の制約等もあって，それらの全部を紹介することができず，かなりの部分を割愛せざるを得なかったことをおわびする次第である。さらに，資料の収集や本研究報告書の作成について御尽力頂いた司法研修所第一部の教官各位，最高裁判所事務総局刑事局の各位，そして，協力研究員として，ＤＮＡ型鑑定の現状や課題，最新の知見等について分かりやすく説明して頂くなど多大な御協力を頂いた黒﨑久仁彦教授には，この機会に改めて厚く御礼を申し上げたい。

（岡田記）

平成22年度司法研究
協力研究員
　　　　東 邦 大 学 医 学 部 教 授　　黒 﨑 久仁彦

研　究　員

　東京地方裁判所所長判事　　岡　田　雄　一

　（委嘱時　東京高等裁判所判事）

　大阪地方裁判所判事　　遠　藤　邦　彦

　名古屋高等裁判所判事　　前　田　　　巌

　（委嘱時　東京地方裁判所判事）

第1章　総論

第1　基本的問題意識

　過去のある事実が残した痕跡からその事実を再現・認識するという事実認定の作業は，合法則性や論理性など，広い意味における科学の分野における思考に類する営みといえるが[*1]，その中で客観性と確実性を期待することができ，かつ，急速な進歩を遂げている自然科学の知見を活用した「科学的証拠」の果たす役割が大きくなっている。他方，裁判の場で，その科学的知見を取り扱い，事案の解明に当たるのは，その領域について非専門家である法曹三者，さらには裁判員である。そこから，科学技術の高度の専門性のゆえに，その内容を理解し，実質的に評価することに困難を伴い，ややもすると判断者が，「科学」の持つ権威性から無批判的にその結論を受け入れてしまうのではないか，あるいは必要以上に証拠の持つ価値を重大視してしまうのではないかといったことが指摘されるところでもある。

　また，科学技術は日々刻々と進歩し，従来の科学的知見では到達し得なかった新たな真実が明らかになることがあるだけでなく，時としては従来の知見が覆され，これに依拠した科学的証拠が維持できなくなることもあり得る。とりわけ再審に期間制限のない我が国の法制の下では，現在の刑事裁判が数十年後の科学技術によって検証されることはあり得ることであり，このことは刑事裁判に携わる者として常に念頭に置いておく必要がある。

　このように刑事裁判の場でその存在感が高まっている科学的証拠であるが，科学的証拠を絶対視したり，これに過大な信頼を寄せてこれを信奉したりすることも，あるいは，得体の知れない不安感や将来の不確実性を理由に闇雲に忌避することも，いずれも非科学的で不合理な態度というべきである。そのような態度は，適正な事実認定に益することなく，むしろこれを損なうものといえる。日々進歩を遂げている科学的知見の成果を，その到達点及び刑事裁判における証拠としての適性を見極めて，等身大の姿で刑事裁判に採り入れていくことは，適正な事実認定のために是非とも必要なことである。本司法研究は，そのための方策や留意点を，裁判員裁判を念頭に裁判実務の観点から検討するものである。

第2　科学的証拠の意義と課題

1　科学的捜査の進展

　社会状況の変化やハイテク化に伴い，犯罪自体の組織化・複雑化・凶悪化・ハイテク化・広域化が進み，それに対応して，科学的捜査の重要性が叫ばれるようになって久しい。この間，従前から行われていた鑑定・鑑識技術の精度が高まるとともに，新規の技術が科学的捜査に導入されてきている。

　平成18年3月28日に閣議決定された「第3期科学技術基本計画」を受けて総合科学

[*1]　科学史という観点ではあるが，事実認定との共通点を指摘したものとして，中根美知代ほか「科学の真理は永遠に不変なのだろうか―サプライズの科学史入門―」（ベレ出版，平成21年）261頁。

技術会議が策定した分野別推進戦略では,「社会防犯力増強技術」として,「(選定理由)犯罪の少ない安全な社会の実現は国民にとって最も身近なニーズであるが,限られた人的資源の中でそれを実現していくためには科学技術の活用が不可欠である。そのため,最新の技術を利用して,犯罪防止・捜査支援・鑑定など実際に現場等で活用可能な技術・システムの開発を重点化して推進する。(技術の範囲)犯罪防止・捜査支援・鑑定のために先進的な技術を活用したものであり,行動科学による犯罪防止・捜査支援,3次元顔画像個人識別,ＤＮＡプロファイリング,毒物や微細証拠鑑定のための物質同定技術や,学校及び通学路における子供の安全を守る技術」が掲げられ,また,平成20年12月に犯罪対策閣僚会議で決定された「犯罪に強い社会の実現のための行動計画2008」においても,科学捜査力の充実・強化が挙げられ,ＤＮＡ型鑑定,鑑識・鑑定機材の整備・高度化,画像の高度解析技術等先進的な科学技術の犯罪捜査への活用等が指摘されている[2]。このように科学技術の犯罪捜査への活用は,国家レベルの戦略として位置付けられ,そこで具体的な目標とされた技術の幾つかは,既に実用化されているものもある。

このように,科学的捜査は,近年,更に強化が図られており,その傾向は,今後も継続していくものと考えられる。

2　法科学（Forensic Science）

このような科学的捜査を支えているのが,「法科学（Forensic Science）」といわれる学問分野である[3]。法科学は,多様で複雑な犯罪現象に対応でき,また犯行現場等に残された資料等特殊な資料に対応できる具体的技術や方法論を開発するため,生物学・化学・物理学という伝統的自然科学を基礎としつつ,様々な学問分野が複合化したような学際的な学問分野であり,その裾野は広い[4]。

このような法科学に基づいてなされた分析の結果が,科学的証拠として刑事裁判に登場することになる。

3　科学的証拠の意義
(1)　科学的証拠の意義
ア　科学的証拠の概念

---

*2　これまでの科学的捜査の経過については,小風明「犯罪捜査と科学技術」警察学論集63巻9号1頁,小野正博「科学技術の活用」『警察政策論』（立花書房,平成19年）173頁,三井誠『刑事手続法（1）（新版）』（有斐閣,平成9年）120頁,同『刑事手続法Ⅲ』（有斐閣,平成16年）262頁等がある。「分野別推進戦略」については,www8.cao.go.jp/cstp/kihon3/bunyabetu.htmlから,「犯罪に強い社会の実現のための行動計画2008」やそのフォローアップは,www.kantei.go.jp/jp/singi/hanzai/からみることができる。なお,現在は,平成23年8月に第4期科学技術基本計画が策定されたところである。「第3期科学技術基本計画」や「第4期科学技術基本計画」は,www.mext.go.jp/a_menu/kagaku/kihon/main5_a4.htmからみることができる。

*3　法科学の各分野の概要については,高取健彦編『捜査のための法科学第一部〈法生物学・法心理学・文書鑑識〉』（令文社,平成16年）,同『同第二部〈法工学・法化学〉』（令文社,平成17年）が参考になる。

*4　法科学の概要については,瀬田季茂・井上堯子『犯罪と科学捜査』（東京化学同人,平成10年）33頁参照。

科学的証拠といっても，その概念は，必ずしも明確なものではない[*5]。

犯行現場等や事件関係者等から収集された資料が，刑事裁判において一定の価値を認められるまでのプロセスは，㋐そのような資料から一定の情報を取得するまでの過程と，㋑その情報が刑事裁判において証拠としての価値を持ち得るように解析・検討される過程に大きく分けることができよう。そのようなプロセスそれぞれに科学的知見が必要になる場合があることを考えると，本研究が対象とする科学的証拠とは，㋐資料から情報を取得する際，あるいは㋑取得された情報を解析・検討する際のいずれか又は双方で，論理則や社会生活上の経験則ではまかなえない科学的知見が必要となる証拠と考えるのが適当であろう。

なお，この㋐と㋑の場面で必要となる科学的知見は，必ずしも科学における同一専門領域とは限らない。例えば，ＤＮＡ型鑑定であれば，犯行現場から発見された資料についてＳＴＲ型によるＤＮＡ型鑑定を行ったところ，特定の複数の座位で被告人のＤＮＡ型と一致したというところまでは，生物学を背景にした医学的知見が必要となる分野であるが，その一致の出現頻度がどの程度かという部分は，統計学的な知見が必要となる分野である。ＤＮＡ型鑑定に関する現在の法科学・法医学では，この両方を研究しているが，そこで必要となる知見は，必ずしも同一の科学領域というわけではない（前述したように法科学は，一般に学際的色彩が強いといえる。）。また，例えば，和歌山カレー毒物混入事件[*6]のように，関係箇所から収集された亜砒酸を放射光分析[*7]やＩＣＰ－ＡＥＳ[*8]等の方法で分析したところ，それらの亜砒酸中の微量元素の種類が一致し，その割合もおおむね一致したから，それらの亜砒酸は，いずれも同一工場で同一機会に製造されたものであるとされる例であれば，その微量元素の種類や割合が一致したという部分は，放射光分析なりＩＣＰ－ＡＥＳなりの科学的分析に関する知見が必要になるが，その一致から関係亜砒酸が同一工場で同一機会に製造されたものといえる

---

*5　学説における科学的証拠の意義については，三井誠『刑事手続法Ⅲ』（有斐閣，平成16年）263頁，長沼範良「科学的証拠の許容性」法教271号95頁等参照。なお，科学的証拠について参照されることの多い専門家証人に関するアメリカ連邦証拠規則702条は，「知識，技術，経験，訓練又は教育によって専門家としての資格を有する証人は，科学的知識，技術的知識その他の特別な知識が，事実認定者による証拠の理解，又は争点となっている事実の判断に役立つ場合において，(1)証言が十分な事実又はデータに基づいており，(2)証言が信頼性のある原理及び方法の結果であり，かつ，(3)証人がその原理や方法を当該事件の事実に信頼性をもって適用したときは，意見又はその他の形式で証言することができる。」と定めている。

*6　第1審判決は和歌山地判平成14年12月11日判タ1122号464頁，控訴審判決は大阪高判平成17年6月28日判タ1192号186頁，上告審判決は最決平成21年4月21日裁判集刑事296号391頁，判タ1297号127頁。

*7　蛍光Ｘ線分析と同じ原理に基づく分析方法。蛍光Ｘ線分析とは，物質にＸ線を照射すると，その物質から元素特有のＸ線が発生する性質を利用した分析方法である。放射光分析は，照射するものが通常のＸ線ではなく，放射光である点が異なる。

*8　誘導結合プラズマ―発光分析装置を用いた化学分析。アルゴンのプラズマ内に試料を導入すると，試料中の原子が励起されて原子スペクトル線を発光する。その発光を分析して，試料中の多元素の同時定性・定量を行う分析方法。

という部分は，当該微量元素がどのような経緯で亜砒酸に混入するかという観点から，亜砒酸そのものやその製造工程に関する知見が必要となる。これは，全く異なる科学領域といってよい。

このように科学的証拠が裁判において問題になる場面には，この㋐と㋑の2つの側面があることに留意すべきである。

イ　科学的証拠の具体例とその分類

現在，刑事事件において取り組まれている科学的捜査，そしてその結果としての科学的証拠の種類は多様といってよい。

具体的には，検査対象別にみると，血液型鑑定，DNA型鑑定，声紋鑑定，毛髪鑑定，警察犬による臭気選別，足跡鑑定，指紋鑑定，死体に関するスーパーインポーズ鑑定，顔画像個人識別鑑定，ポリグラフ検査，様々な微細物鑑定（繊維，塗膜片，ガラス片，金属片，植物片等），様々な薬毒物鑑定（この中にも多くの鑑定方法がある。）等がある。

このような犯罪鑑識科学以外にも，死体の解剖等から死因やその機序等を扱う法医学分野の鑑定や，犯罪に関連した心理的，精神医学的分野を扱う法精神医学分野の精神鑑定等もある。

このような多様な科学的証拠の分類については，科学的証拠全体を整理する観点から，根拠とする学問分野により分類するもの，人に関するもの（これには人の生死，人の同一性，人の状態の3種類がある。）と物の同一性に関するものに分類するもの等がある[*9]。本研究は，このような科学的証拠を裁判でどのように扱うべきかを検討することが目的なので，科学的証拠の科学性の程度あるいは科学的とされる根拠という観点から，後述するような分類を行う。

ここでは，機器分析における証拠価値や再鑑定の関係で有益な概念である破壊検査と非破壊検査，定性分析と定量分析について触れておく。

破壊検査とは，対象試料の物質を変化させる検査をいう。対象試料の物質が変化する以上，対象試料は一度使うと再検査することができなくなる。したがって，微細な資料の場合には，資料全体を費消してしまい再鑑定できなくなるおそれがある。これに対し，非破壊検査は，対象試料の物質を変化させることがないので，再検査が基本的に可能である。前述した放射光分析は基本的には非破壊検査であり，ICP-AESは，液体化された試料を費消してしまうので破壊検査である。

次に，定性分析とは，試料中に含まれる各種の成分の有無，種類を知るための分析法の総称であり，定量分析とは，試料中に含まれる各種の成分の量を求める分析法の総称である。通常，定性分析を行い，その成分を明らかにしてから定量分析が行われる。例えば，物的な試料に関する法科学的分析は，証拠物件がどのような物質かを明らかにする「同定」，証拠物件の持つ個別の特徴を明らかにする「個別化」，このような個別特徴を複数の物件相互で比較して複数の物件を識別する「異同識別」といった観点から行われるが，複数の証拠物の異同識別が問

---

*9　瀬田ほか・前掲注4）33頁，松尾浩也『刑事訴訟法下（新版補正版)』（弘文堂，平成9年）104頁。

題になるような場合，定量分析までできた方がより証拠価値が高いといえる。しかし，定量分析をするためには，精度の高さがより求められ，また，分析のための条件にも一定の制約がある。これに対し，定性分析は，成分の有無が分かればよいから，比較的簡易な方法で検査がしやすいという利点がある。前述したICP－AES[10]は定量分析までスムーズに可能であるのに対し，放射光分析は基本的にスペクトルの高さで判断する手法であるから，正確な定量分析まで行おうとすると，それなりの検査条件の設定や工夫（例えば，スペクトルの高さには，ノイズの信号量が含まれているので，当該資料固有の高さを知るためには，ノイズの高さを引く必要がある。）が必要になる。

機器分析といっても，様々な分析目的に即した様々な分析方法があり，それぞれ長短があることを意識する必要がある。

ウ　一般的な供述証拠との違い

このような科学的証拠は，当該科学的分析等をした者の報告が証拠になるから，供述証拠である。ただ，被害者や目撃者といった一般的な供述証拠と比べると違いがある。一般的な供述証拠の場合，体験者がその体験事実を裁判所に口頭なり書面で報告し，裁判所は，その供述の信用性を判断した上で，それが信用できると判断すると，その報告された事実が要証事実の蓋然性にどの程度の影響を与えるかを判断する。このとき，この報告が信用できるか，信用できるとした場合その事実がどの程度要証事実を推認させるかという判断は，裁判所が，社会生活上取得可能な一定の論理則，経験則に基づいて行うことができる。

これに対し，科学的証拠の場合は，その報告が信用できるものかどうか，信用できるとする場合，その事実がどの程度要証事実を推認させるのかについて，裁判所は，当該科学領域の専門的知見がないと判断できない。したがって，科学的証拠の場合，報告者は，裁判所が有しない特別な知識や当該専門分野における経験則をも提供することで，裁判所の認定能力等を補充する役割を果たす[11]。

このように科学的証拠の意義とは「専門分野における知識や経験則の補充」であり，そこから我々が克服すべき課題が生じてくるのである。

(2)　科学的証拠の効用

科学的証拠は，以下のような効用が指摘されており，今後の刑事裁判において重要な役割を果たしていくであろうし，前述した科学的捜査をめぐる状況を考えると，ますますその役割は大きくなっていくものと考えられる。

ア　証拠の客観性，確実性

科学的証拠は，物証等の一定の資料を科学的原理に基づいて分析したものである。したがって，物的資料を前提にすれば，人の記憶に基づく通常の供述証拠と比べると，まず証拠の出発点となる資料そのものが事件関係者の意思と無関係に存在するという意味で客観性が高く，さらに，その資料から一定の情報を取得す

---

*10　前掲注8）参照。

*11　辻脇葉子「科学的証拠の関連性と信頼性」（明治大学法科大学院論集7号［平成22年］414頁）。

るプロセスも一定の科学的原理・手法に基づくもので，証拠取得者の意思が入り込みにくいという意味でも客観性が高いといえる。このような科学的証拠は，それが的確な方法で得られたものであれば，一般に客観性が高いといえ，その内容の確実性も高いといえる。この点は，通常の供述証拠が，人の認識・記憶・叙述という各段階で誤びゅうが入り込み得るという不確実さを有していることと比べると，大きな特徴といえる。また，この客観性・確実性の高さゆえ，信頼性の高い科学的証拠は，有罪方向にも無罪方向にも大きな意味を持ち得ることになる。

イ　不安定な供述証拠への依存度の低減

物証等の資料の科学的分析から，事案に関する多くの有益な情報を得ることができると，事案の真相や犯人像に関する客観性の高い情報を得ることができ，有罪方向の資料の収集に役立つだけでなく，犯人ではない人物を捜査対象から除外することが可能となる。公判段階においても同様である。したがって，科学的証拠によって，捜査段階の自白に過度に依存する傾向を回避することができ，また被害者や目撃者の犯人識別供述等への依存度を相対的に減少させることもできる。この点は，被害者自身の負担の軽減も意味するから，近時の被害者保護施策にも通じるところがある。

ウ　証拠の時間的耐劣化性

適切に獲得された科学的な分析結果は，時間の経過や関係者の消滅・所在不明等に左右されず，証明力を維持し続ける。このことは，時間の経過に伴ってその信用性判断が困難になる供述証拠と比べると，大きな特徴である。近時の時効制度の改正を考えると，この点はより重要性を増している。

エ　犯罪の高度化，広域化や社会の匿名化への対応

社会全体の人的なつながりが希薄化し，匿名化傾向が進む中，犯罪手法は高度化し，犯罪関係者も広域化する傾向がある。このような社会状況下では，関係者からの聞き取りを中心とした地取り捜査だけでは，犯罪捜査が困難になる。このような状況において，犯人が遺留した痕跡等を分析した科学的証拠の有効活用により，犯人の絞り込み・特定につなげることができる。

(3)　科学的証拠の限界

このような効用のある科学的証拠であるが，他方で，その限界が指摘されており，科学的証拠を用いた裁判の在り方を考える上では，その限界を的確に理解しておくことが必要である。

ア　科学としての限界

㋐　科学自体の限界

自然科学といっても，それ自体に限界があることを意識する必要がある。

自然科学では，多くの自然現象の観察・観測からある仮説が立てられると，その仮説に基づいて自然現象を観察し，自然現象がその仮説を満たしているかどうかを検証する。さらに，その仮説から導かれる予測どおりの現象が見つかるかどうか観察する。そこでは，誰がやっても同じ結論となるかという再現可能かどうかの観点から，その信頼性・正確性が検証される。科学における仮説は，このような多くの批判的な審査や経験的な検証にさらされながら，再現可

能であると判断されたものが，法則へと格上げされていくのである。このように自然科学における証明は，数学における確証とは異なるものである。また，自然科学における法則は，自然現象の観察から導かれるものなので，人間が認識できたことだけに基づいて作られている。技術の進歩や新しい現象の出現等により認識の限界が変化していくと，それとともに，現在受け入れられている理論や法則が見直される可能性が生じてくる。顕微鏡や望遠鏡の発明が，その典型例であろう[*12]。

さらに，自然科学は，多数の自然現象の観察に基づいて考察されることから，多数の例について全般的に考察するには優れているが，全体の中の個を取り扱うには，苦手なところがあるともいわれる。あるいは，「複雑系」の問題は，現代科学をもってしても解決が難しい問題ともいわれる[*13]。

このように自然科学といっても，本来的に限界があり，それまで正しいと考えられていた法則が，後に修正，変更されることはあり得，だからこそ，科学は発展してきたのである。また科学には，その本質となる方法論から，得手不得手があるということも意識しておく必要がある。

ただ，個々具体的な科学的分析方法は，当然のことながら，専門家が，このような科学一般の限界を意識しつつ，定説となっている原理，原則を応用し，その分析のための技術を研究，開発したものであって，通常は，実用化されるまでに種々の審査や検証に耐え抜いたものである。したがって，科学には本来的に限界があるという視点は，大局的な視点であって，科学的証拠に対応する際の心構えといったものとして理解すればよい。

ところで，科学の持つ上記の特質を考えると，科学的かどうかを考える上では，「再現可能性」が本質的な要素となっていることが分かる。再現可能性が乏しいものは，科学性が乏しいのである。ただ，ここでの「再現可能性」とは，現実に再現できることではない点に注意を要する。科学において再現可能であるという意味は，その時点での科学的知見を踏まえて，同じことを繰り返せば同じ結論が出るだろうと確信を得られることなのである[*14]。したがって，資料が費消され，再び検査ができないからといって，そのことだけで再現可能性がないことにはならない。

(イ)　個々の証拠における科学性の程度

科学的証拠といわれるものの信頼性が，全て科学的知見によって完全に裏付けられているとは限らない。後述するとおり，科学的証拠の中には，その一部について科学的な裏付けがありつつも，当該事項に関する社会生活上の経験値（常識）と合致していることが，その信頼性の大きな支えになっているものも

---

*12　中根ほか・前掲注1）261頁, 中谷宇吉郎「科学の方法」（岩波新書, 昭和33年）1頁。なお, 中谷「科学の方法」は, 昭和33年に出版されてから平成23年までに65刷されているものであり, 科学の本質を考える上で示唆に富む文献である。

*13　中谷・前掲注12）11頁, 池内了「疑似科学入門」（岩波新書, 平成20年）122頁。

*14　中谷・前掲注12）6頁。

ある。しかも，科学的根拠に基づく部分と常識という非科学的根拠に基づく部分の区別は，必ずしも明確ではない場合もある。したがって，科学的証拠といわれるものであっても，どの部分が，科学的知見によって裏付けられているのかという視点は重要になる。特に，このような証拠の場合，社会生活上の印象が，その証拠の評価に無意識に影響を与えることもあり得る点には，注意を要するであろう。

　なお，「常識」＝「非科学的」＝「信頼性が低い」ということではないことは確認しておく必要があろう。我々は，人の記憶に基づく通常の供述証拠の信用性や事実の持つ証明力について，基本的には非科学である常識に基づいて判断しているのである。常識に基づく判断だから，その判断の信頼性が低いということにはならない。要は，科学的な判断ではないのに科学的な判断だと誤解し，思考を停止してしまうことが危険なのである。

イ　裁判手続における限界

　科学的証拠を用いた裁判の在り方を考える上で，具体的に念頭に置くべき科学的証拠の限界や危険性は，この「裁判手続における限界」で触れるところが中心となる。イメージ先行の議論を避け，問題の所在に即して，回避可能な対応策があるかどうかを具体的に考える必要があるから，その限界とされる内容については具体的に理解しておく必要がある。また，本稿では，科学的証拠の「危険性」という用語を使うが，それは，看過すると誤判の危険に転じ得る，素人の裁判関係者が専門外の科学を扱う上で注意や対応が必要な固有の問題を意味しており，回避することが困難といった意味での危険性ではない点に留意されたい。

㈠　証拠としての限界

　科学的証拠は，通常，有力ではあっても情況証拠の一つにすぎない場合がほとんどである。その情況証拠がどのような証明力を持つかは，他の情況証拠との総合判断によることが多い。被害者や目撃者の体験供述が，ストーリー的な広がりを持つ証拠であり，その信用性が肯定されると事案の全面的解決につながる高い証拠価値を持ち得るのと比較すると，科学的証拠は，そこからは基本的にピンポイント的な事実しか導かれないという点で対照的といえる。したがって，科学的証拠は，それのみでは要証事実との関係での限界があることをまず自覚すべきである。後に詳述するが，証拠として科学的証拠をみる場合は，その科学的証拠から直接的にどのような事実が認定でき，その事実にその他の事実を加えることで，どのようなことが推認できるか，という分析的視点は極めて重要になる。高い証明力を有するといわれるＤＮＡ型鑑定においても，実際の刑事裁判においてＤＮＡ型鑑定自体で判明することは，争点判断の一部にすぎないことが多いのである。

㈡　判断者の限界

　証拠は，判断者による①内容の認識，②信用性の評価，③証明力評価を経て事実認定に供される。科学的証拠の場合，このような認識，評価を行う判断者は，その専門領域については素人であるから，上記の３場面ごとにそれぞれ課題が生じてくる。①に関しては，判断者が非専門家であることから，証拠内容

の理解そのものが容易ではないという点がある。専門性・非日常性のゆえに，「何を話しているのか」「何が分かったのか（分からなかったのか）」の理解が困難であったり，面倒であったりする。そのため，判断者において理解が不正確に終わっている懸念や，結論にただ乗りする誘惑も否定できないところである。②に関しては，証拠の内容を正しく理解できたとしても，証拠の正確性や信頼性[*15]を適切に評価することができるのかという点がある。専門外の者には，専門性の高い内容について批判的な検討が難しいし，供述証拠における知覚・記憶・表現のプロセスのチェックと異なり，科学については素人である反対当事者による反対尋問も必ずしも有効とはいえない。そして，専門外であることからくる敬遠の意識，あるいは科学に対する素人ゆえの過度の期待は，批判的検討をおろそかにし，根拠のない信頼に安住する懸念を具体的なものにするおそれがある。③に関しては，当該証拠から何がどこまで認められるのかという証明力評価が，科学万能の思い込みや科学的証拠による解決への過度の期待などによりゆがめられる可能性があるという点がある。前述したように，科学的証拠からは，ピンポイント的あるいは断片的な事実しか認められないのが通常なのに，科学的証拠が登場すると争点そのものが解決されたように感じてしまう危険が生じ得るのである。このような三つの課題について，その問題の所在を踏まえて対応策を具体的に究明していくことが重要である[*16]。

(ウ) 訴訟当事者の限界

前述したことは，科学的証拠の内容を立証あるいは弾劾する役割の検察官・弁護人にも，基本的には同様に当てはまるであろう。科学的証拠の信用性や証明力の有無，程度に関する検察官，弁護人の意見は，科学的証拠に対する裁判所の評価の適正を担保するものである必要があるから，検察官，弁護人は，当該専門領域における研究の到達点や刑事裁判における証拠の適性という観点から的確に検討し，その意見を表明することが必要となる。そのためには，検察官・弁護人は，それぞれ自覚的な勉強が必要になるとともに，適宜，専門家の援助を仰ぎながら，科学的証拠に関する理解を深めていくことが必要となる。

ウ 裁判の限界とその正当性

再審に期間制限のない我が国の法制下では，裁判が，十数年あるいは数十年後の科学によって，検証される事態は起こり得ることである。そのような時間の経過でなくても，事件が発生してから，起訴され，裁判が確定するには，それなりの期間を要する場合も少なくない。そのような時間の経過に伴いその間の科学の進歩により，従前の「真」と考えられてきた科学的証拠の結論が「偽」とされる

---

*15　第1章では，科学的証拠全般を扱うため，科学的証拠の「正確性」や「信頼性」は，実質的な意味で用いており，必ずしも証拠能力や信用性，証明力といった証拠法的概念のいずれかに直結するものとして用いているものではない。ただ，概略的にいえば，証拠が正確で信頼できるものであれば，当該証拠は信用できるものという関係にはあろう。

*16　浅田和茂「刑事司法の科学化」ジュリスト1148号103頁は，適切なコントロールなしには，科学の福音は，容易に禍に転化すると指摘している。

可能性は，完全に否定することはできない。したがって，有罪の判断の根拠となった科学的証拠の信用性が，その後の科学の進歩により，否定される事態に至ることが考えられる。

　このような事態は，裁判の正当性の見地から，どのように考えるべきであろうか。裁判における事実認定の正当性は，裁判の時点において明らかになっている知見と証拠を基礎に，健全な社会常識に照らして合理的と考えられる理由に基づいてなされたことに支えられていると考えられる。したがって，当時得ることができた知見を最大限活用して証拠を検討することが重要であって，発展途上の科学的証拠であれば，その時点における到達点を正しく見極め，正確性，信頼性は一応肯定できるものの，いまだ解明されていない部分もある等その正確性，信頼性が十分に証明されたとは言い切れない場合には，刑事裁判における証拠としての適性という観点から，そのような限界がある証拠として慎重な検討を行うことが必要となる。そして，そのような，慎重な検討がなされていれば，科学の進歩により有罪判決の根拠となった科学的証拠の信用性が後日否定される事態となっても，刑事裁判としての正当性自体が直ちに否定されるものではないであろう。そのような事態をも念頭において，再審手続が設けられているのである（刑訴法435条6号）。

エ　法理上の限界

　科学的証拠といっても，それが対象者のプライバシーその他の人権を大きく侵害する場合は，証拠禁止の観点から，その証拠能力は否定されることになろう。麻酔分析等がその例といえる。

　現在実務で行われているＳＴＲ型によるＤＮＡ型鑑定は，染色体上の遺伝情報に関係しない部分を鑑定の対象としているから，対象者の遺伝情報に係るプライバシー権侵害の問題は生じない。とはいえ，個人の特定につながるＤＮＡ型という個人情報を取り扱う点で留意する必要はある。判例（最判平成7年12月15日刑集49巻10号842頁）は，指紋とプライバシーの関係につき，「指紋は，指先の紋様であり，それ自体では個人の私生活や人格，思想，信条，良心等個人の内心に関する情報となるものではないが，性質上万人不同性，終生不変性をもつので，採取された指紋の利用方法次第では個人の私生活あるいはプライバシーが侵害される危険性がある。このような意味で，指紋の押なつ制度は，国民の私生活上の自由と密接な関連をもつものと考えられる。憲法13条は，国民の私生活上の自由が国家権力の行使に対して保護されるべきことを規定していると解されるので，個人の私生活上の自由の一つとして，何人もみだりに指紋の押なつを強制されない自由を有するものというべきであり，国家機関が正当な理由もなく指紋の押なつを強制することは，同条の趣旨に反して許され」ないが，「右の自由も，国家権力の行使に対して無制限に保護されるものではなく，公共の福祉のために必要がある場合には相当の制限を受けることは，憲法13条に定められているところである。」と判示している。上述したＳＴＲ型によるＤＮＡ型鑑定は，個体識別（場合により血縁関係の存否）に有益な情報以上の個人情報を明らかにするものではなく，刑事手続上の用途としても，データベースを含めあくまでも犯罪に関する

個体識別目的でのみ使用することが予定されているから，プライバシーの問題に関するアプローチも，指紋に関する上記判例及びその引用する最大判昭和44年12月24日刑集23巻12号1625頁（個人の容ぼう等撮影）の問題意識にのっとって考えることになると思われ，差し当たり犯罪捜査及び証拠としての利用に関する合憲性は，これら判例に徴し，比較的容易に導かれるものと思われるが，詳細は後日の検討に譲りたい。

4 科学的証拠の大まかな分類

これまでの裁判例においても，種々の科学的証拠が問題になってきた。科学的証拠といっても，その科学性の内容や程度は様々であるから，それらの証拠を科学的証拠という名目で一括して，一律にその証拠能力や信用性等の議論をするのは適当ではない。

前述したように，これまで科学的証拠として扱われてきたものには，まさに科学的手法によって初めて意味内容を感得できるものから，素人でも経験的に一応の意味内容は感得はできるが，その精度を高めるために科学が用いられているもの，素人的感得にそれなりの裏付けを与えるために科学が用いられているもの等様々である。科学的証拠といっても，科学と常識の融合物のようなところもある。また，科学といっても，その有効性がそもそも発揮しにくい不得意分野もある。

そのようなことを踏まえると，科学的証拠に関する証拠能力や信用性の判断基準，証明力の評価基準を考える上では，科学的証拠の科学性の程度あるいは科学的とされる根拠という視点から大まかに分類することが有益と考えられる[17]。

なお，以下の分類は，あくまでも上記の見地からみた相対的なものであり，検査方法や技術の発展に伴い，分類が変わることもある。この分類を絶対視することなく，むしろ科学的証拠を考える場合の一つの視点として理解していただきたい。

(1) 第1類型

第1類型は，検査や判定の方法，そのための技術や資料の科学性自体は未解明な部分があるものの，経験的にそのような検査や判定には一定の意味があると理解されているものである。警察犬による臭気選別がその例といえる（筆跡鑑定もこの類型の一面を有する。）。

この類型の検査は，一定の訓練を積んだ者が行っている場合が多く，専門的な経験の積み重ねがその判断の正確性を担保しているようにも見えるが，他方，その専門的知見の科学的根拠は，必ずしも十分明らかになっているとはいえない。

これらの検査結果に一定の意味があると理解されているのは，それなりの科学的裏付けがあるということもあるが，検査を支える基本的考え方や方法が，人が社会生活を営む中で自然に体得する経験的なものに合致しているという点は大きいであろう。また，捜査実務上，相当数の経験の蓄積があるのも事実であり，そのような蓄積を通じて得られた経験的知見を，科学的根拠が必ずしも十分でないことのみを

---

*17　判例における取扱いの視点から科学的証拠を分類するものとして，三井・前掲注5）265頁，長沼・前掲注5）97頁がある。本研究におけるこの分類の視点も，これらの見解に負うところが大きい。

もって排除しなければならないと解する必要はないであろう。

　ただ，科学的根拠が必ずしも十分ではないことや当該検査方法固有の問題点を反映して，検査結果には主観的な面が残ったり，どこまで精度の高いものとして評価すればよいのかの判断が難しかったりする。したがって，証明力については，経験的な評価であることを十分に意識した慎重な評価が必要となる。また，社会生活上の個人的感覚が証明力評価に影響する面もあり，それが無意識的なイメージに近い部分を含むだけに，裁判員裁判では，その取扱いには注意を要する。

(2)　第2類型

　第2類型は，指紋，足跡，筆跡，毛髪など客観的な資料の形態面について原資料と対照資料とを照合し，その形態面での特徴を比較し異同識別を行う類型で「照合型」ともいうべき類型のものである。現物そのものを様々な方法で観察することが基本であり，その原理は明らかであるが，具体的な識別方法や技法の信頼性は慎重に検討する必要がある場合がある。

　これらのものは，形態を照合して比較するという検査，判定の性格から，検定者，検定方法が適切であれば，一定の合理的な検査結果が得られるものと考えてよいであろう。形態面での比較であるから，非専門家であっても，その点の信頼性について評価，検討することは可能である。

　ただ，何をもって特徴的とするか，形態面での特徴が一致しているといえるかという判断は，人の主観的側面が入ることも否めず，また，特徴が一致していることがどの程度の識別力を有するかの評価が，実質的に経験的判断に委ねられるものもあり，指紋を除くと，資料の性格上，必ずしも識別力が高くない場合もある。そのようなこともあり，「同一である」といった識別力の評価については，慎重な姿勢が求められる。

　近時，刑事裁判に登場する機会が増えた防犯カメラの映像を基にした顔画像識別鑑定も，この分類に入るであろう。専門家の行った顔画像識別鑑定ではあるが，その鑑定の信頼性について，慎重な態度を示した下級審裁判例もある[18]。上記と同様の問題意識と考えられる。

(3)　第3類型

　第3類型は，検査や判定に科学的知見や科学的技術が用いられており，その科学的知見や科学的技術こそが，その信頼性を支えているとされるものであるが，それらの科学的知見が確立したものとは必ずしも言い切れず，また具体的方法の確実さに疑問が示されることがあり，検査の確実性について慎重な検討が必要となるもの

---

*18　京都地判平成23年5月18日判例秘書登載。

である。現在は日本では使われなくなった対照質問法によるポリグラフ検査[19]などで，そのような例がある。

(4) 第4類型

　第4類型は，検査の基本的な原理は，科学的に確実であるといえるものである。この第4類型は，具体的な検査方法の信頼性の観点から，次の二つに分かれる。

ア　具体的な検査方法が確立されたとはいえない場合

　法科学の分野において，ある特定の検査方法が確立したといえるためには，刑事裁判における証拠としての適性という観点から，検査結果の精度の高さを維持するための条件，つまり，誤差が小さく検査結果に高い信頼性が認められる条件が明らかになっている必要がある。そのためには，検査対象の資料の種類や状態による向き・不向き，場合によっては，試薬や機器の性能からくる制限あるいは試薬と機器の相性のようなことも判明している必要がある。特に検査方法の感度，精度が高まれば高まるほど，設定条件の制約が厳しくなることが少なくないから，微妙な条件の違いが結果の精度に影響を与えることがある[20]。

　このような制約や条件は，開発段階で判明し対処されているものもあれば，少なからぬ実践例の中で判明してくる場合もある。特異的な資料については，想定されていなかった検査阻害要因が実践段階で判明する場合もある。特に，資料の状態が悪い場合に，どこまで精度の高い検査結果が出るかの見極めは，ある程度の実践的な分析の蓄積が必要であろう。このようなことから，具体的な検査方法として確立しているといえるためには，単に検査ができるというにとどまらず，検査結果に高い信頼性が認められる条件やその反面としてその検査方法の弱点等が，具体的な実践を踏まえて明らかになっている必要がある。したがって，実際に使用されている検査方法であっても，その実践例の蓄積が必ずしも多くないような場合には，検査結果の確実性について，慎重な姿勢で検討することが求められる場合がある。ここで留意すべきは，実務的に実践されている検査方法である以上，検査しやすい典型的な場合には，その検査結果にはそれなりの信頼性があるといえようが，資料の状態が悪い場合に，当該検査方法がどこまで対応できるのか，どのような留意点があるかといったことについて，具体的な実践例を踏まえて検証がなされているかという点である。例えば，開発初期の時期のＭＣＴ１１８ＤＮＡ型鑑定（宇都宮地判平成22年3月26日判時2084号157頁）や，いわゆる新潟ひき逃げ事件当時の血液型検査に関する顕微沈降反応法（最判平成元年4月21日裁判集刑事251号697頁，判時1319号39頁，判タ702号90頁）などで，そ

＊19　日本では，平成18年に警察におけるポリグラフ検査取扱要領が改正され，現在は，対照質問法は用いられていない。なお，アメリカでは，対照質問法が主流であるが，判例は，その証拠としての許容性には消極的である。ドイツでは，対照質問法は証拠として許容されていないが，最高緊張点質問法は，必ずしもそうではない。この点は後述する（第5の5(4)参照）。

＊20　市販の分析キットを科学捜査へ応用してよいかを検討したものの一例として，吉田日南子ほか「AmpFlSTR® Identifiler® PCR Amplification Kitの法科学試料への応用に関する検討」科学警察研究報告57巻1号49頁参照。

の例が見られる。

イ　具体的な検査方法が確立しているといえる場合

　具体的な検査方法について，多数の実践がされ，その長所，短所も明らかになっていて，その信頼性が確立したものとなっており，そこから導かれた検査結果は基本的に確実性が高いと考えられている場合である。

　このような検査は，一定の経験，技能のある検査者が，確立されたプロトコル[21]に従って行った検査であれば，基本的には信用性が肯定されよう。ルーティーン的な対応がされている指紋や血液型鑑定，薬毒物鑑定等がその例である。

　なお，近時，警察庁所属の科学警察研究所（以下「科警研」という。）や都道府県警察本部所属の科学捜査研究所（以下「科捜研」という。）で実施しているＳＴＲ型によるＤＮＡ型鑑定は，欧米諸国でも広く利用されているもので，原理・技術ともに確立されたものといってよい。しかし，第2章で検討するように，非常に微細かつ状態の悪い資料からも一定の情報を引き出すことが可能な鋭敏な検査となっていることから，その鋭敏性ゆえに，事案によっては，具体的な検査過程や検査結果の評価について，慎重な姿勢が求められることがある。

5　本司法研究における検討対象

　本司法研究は，前述したように，科学的知見の成果を，科学としての到達点と証拠としての適性を見極めて，等身大の姿で刑事裁判に採り入れていくための方策や留意点を検討することを基本的問題意識としている。そのための具体的作業は，個々の科学的証拠を評価するに当たってどのような点に留意すべきかということに帰着するから，最終的には科学的証拠の種類，内容ごとに検討することが必要になる。ただ，本研究は，そのためには，まず裁判員裁判という制度の下での科学的証拠の扱い方を制度的な面から分析することが必要と考え，そのための総論的な検討をした。その総論的検討では，主に第4類型を念頭に置きながらも必要に応じて他の類型をも意識して検討を進める。そして，科学的証拠の種類ごとの各論については，それを網羅的に取り上げることは困難であるので，近時，急速に利用が進み，その重要性も増しているＤＮＡ型鑑定を取り上げることとした。

第3　科学的証拠に関する評価・検討の視点

1　科学性が問題になる場面の多様性

　科学的証拠において「科学性」が問題となる場面は，その基礎となる一般的な科学的原理から個々具体的な事案における具体的検査の妥当性まで，広範囲である。このような科学的証拠の評価の在り方を考える上では，以下の6段階・8項目に分けて検討していくのが有益であろう。

　例えば，新規の科学的証拠であるとしてその信頼性が争われる場合でも，その段階によって新規性の持つ意味，影響力には違いがあるから，どの段階での新規性が問題

---

[21]　protocol。複数の者が対象となる事項を確実に実行できるよう手順等について定めたものをいうが，実験の分野では，実験の手順や条件等について記載したものをいう。

になっているのかを考えることは重要であろう。具体的には，検査・判定の基礎となる原理や知見自体が新しいのか，既にある原理や知見を刑事裁判の証拠として用いることが新しいのか，実用化する理論や技術が新しいのか，検査機器が新しいのか，試料化の方法が新しいのかといった具合である。

この6段階・8項目は，思考上の便宜としての分類であって，実際には(1)と(2)や(2)と(3)は，密接不可分であったりするから，争点がこの6段階・8項目のどれに該当するかという分類自体にこだわる必要はない。

なお，2の(1)から(5)までは，科学的証拠固有のものであるが，(6)は，証拠物一般に関するもので，科学的証拠の信用性の前提となる事情である。したがって，科学性が問われるのは，5段階・7項目となる。

2　6段階・8項目（科学性が問われる5段階・7項目）

(1)　基礎となる科学的原理・知見の信頼性

科学的証拠においては，まず，検査，判定の基礎となる科学的原理や科学的知見そのものの信頼性が重要となる。

これまで日本における法科学の歩みは，基本的には刑事裁判における証拠としての適性，つまりその内容の確実性を意識して進められてきたと評価してよいであろう。したがって，日本の刑事裁判では，アメリカなどと比べ，科学的証拠の原理や知見自体が争いになることは比較的少なかったと思われる。ただ，現代は，多様な科学的知見が科学的捜査に応用される時代であるから，基礎となる科学的原理や科学的知見自体の信頼性が争点となる場合もあり得，その場合には，裁判所がその点について審理，判断することになるが，それは必ずしも容易な作業ではない。

(2)　科学的原理・知見を実用化する理論・技術の信頼性

検査，判定の基礎となる科学的原理・知見自体は，明確で信頼できるものであっても，実用化する際の理論・技術等が信頼できるものでなければ，信頼性のある科学的分析とはならない。

この実用化に耐え得る理論・技術は，仮定→実験→分析→仮定→実験→分析の繰り返しの中で確立していくものであるが，極めて技術的，専門的であって，最先端のテクノロジーが応用される部分であり，素人が容易に理解し難い部分ともいえる。

例えば，前述したＩＣＰ－ＡＥＳ[22]であれば，アルゴンのプラズマ内に試料を導入すると試料中の原子が励起され，その原子特有の原子スペクトル線を発光するので，それを測定するという基本原理は，比較的簡明，明解であるが，実際にその理論を測定技術に応用するには，例えば，物理干渉，化学干渉，イオン化干渉，分光干渉といった様々な干渉に対する対策が講じられる必要があり，このような対策が明確になって初めて，測定技術として確立したといえるのである。

また，実用化の場面を考えると，同じような検査でも，検査方法の容易さ，どのような資料に対応できるかといった対応の広範さ，どの程度の精度で分析ができるかという精度の高さ，検査のコストパフォーマンスといった様々な観点から，具体

---

*22　前掲注8）参照。

的な検査方法に関する技術革新が進み，新しい検査技術が開発されていくことが多い。また，そのような技術革新が進む競争の世界であることもあり，開発企業が，検査機器や検査キットの内容について，企業秘密としてその全部又は一部を公表していない場合もないわけではない。

(3) 具体的な検査に関する信頼性

ア　試料化の信頼性

機器分析の場合，試料は，通常，犯行現場や関係者から採取された状態そのもので検査されるのではなく，その捜査資料から一部を採取した上で，その採取資料を機器での検査に合わせて前処理して試料化され，検査される。この前処理は，破壊検査の場合複雑になることが少なくないが，この前処理の出来，不出来は，検査結果に影響するところが大きい。

この前処理では，資料の量や状態を考え，分析目的に合致した処理が必要であり，概して個別的で習得が難しく，分析担当者は，「前処理法を自分で設定できれば一人前」「前処理が腕の見せどころ」といわれるところである[23]。

前処理に関し，確立されたプロトコルがある場合には，まずはそれを遵守して前処理が行われたかを検討することになるが，そのようなプロトコルが確立しておらず，その事案限りでの前処理がなされ試料化された場合には，その前処理の方法自体の合理性を含め検討することが必要になる。

イ　具体的検査方法，過程の的確性

通常の機器分析では，程度の差はあれ，確立したプロトコルが存在しているので，それを遵守して行われた検査，判定といえるかどうかが，具体的検査方法の的確性を考える上では，重要となる。

鑑定試料に対する本検査に先立ち，予備試験がされている場合には，予備試験の状況も確認する必要がある。予備試験としては，ブランク試料（試料と同等で分析対象物質を含まないもの）を用いてブランク試験をすることでコンタミネーション（汚染）がないことを確認する陰性試験や[24]，あらかじめ成分や量が判明している資料を対照資料として検査して，そのとおりの反応が出るかを確認し，検査機器が正常に作動しているかを確認する陽性試験がある。

また(2)と関連するが，分析機器は，どんなに高価なものであっても，共存成分の影響を全く受けないことはないといわれており，的確な機器分析をする際には，用いる機器を含めた各分析法の長所と短所をあらかじめよく調べ，共存成分による妨害が予想される場合は，分離やマスキングなどの適切な対策をたてることが指摘されている[25]。したがって，個々のケースにおける検査方法の的確さを考える上では，そのような適切な対策が採られているかも重要となる。

(4) 検査者の技術水準，技量

具体的な検査結果の信頼性を考える場合，検査者の技術水準，技量は重要である。

＊23　津村ゆかり『よくわかる最新分析化学の基本と仕組み』（秀和システム，平成21年）56頁。

＊24　津村・前掲注23）252頁。

＊25　小熊幸一「入門講座化学分析の仕方（総論—化学分析を始める前に—）」ぶんせき2011年1月号5頁。

検査によっては，例えば，科捜研におけるＤＮＡ型鑑定のように，当該検査をする上で一定の資格を有していることが求められていることもある。検査者の技術水準を考える上では，必要とされている資格や研修受講等の有無やこれまでの検査実績は重要な視点となろう。最先端の検査のような場合には，検査者の当該科学の領域における学会や研究雑誌への発表等専門的知見の水準も有益な視点となる[*26]。

(5)　検査結果の評価に関する信頼性

上記(1)から(4)の条件を備えた分析をされた情報が，そのまま裁判において意味のある情報になるとは限らない。その情報をある特定の観点から解析して初めて意味のある情報となることが少なくない。前述（第2の3(1)ア）した科学的証拠の⑦の側面である。

例えば，現在のＤＮＡ型鑑定の主流であるキャピラリー電気泳動装置を使ったＤＮＡ型鑑定では，解析プログラムにより自動的に型判定も示されるが，場合によっては，エレクトロフェログラムとして出力された分析結果の検討が必要になることがある（後記第2章第3の4(1)参照）。そして，そこでは，まず，エレクトロフェログラム上の低いピークについて，検出限界（閾値）未満だがアリル型を意味するピークといえるものかどうか，あるいはスタターピーク[*27]かどうか等を判別した上で，検査試料（例，現場血痕）と対照試料（例，被告人の血液）のエレクトロフェログラムを比較して，対象となる各座位について，ＤＮＡ型の一致，不一致，不明の判断をする必要があり，さらに，同一性識別のためには，一致した座位の出現頻度を算出するなどして評価する必要がある。

このような検査結果の評価についても科学的知見が必要になるのである。

ア　評価に関する原理，基準の信頼性

機器分析の場合，検出データの評価に関して，一定の科学的原理や知見に基づいて基準なり留意点があることが多い。そのような場合には，その原理・知見に基づく基準や留意点が合理的で信頼できるものでなければならない。

例えば，薬毒物鑑定に関する機器分析では，検査試料から検出された信号の周波数と強度を測定し，それをある特定の位置に特定の高さをもったピークとしてグラフ的に表し，それを意味のある数字として読み取る方法を採ることが多い。このような場合，検査方法にもよるが，共存物質等の影響を受けノイズ的な信号が不可避的に入り込んだり，擬似的なピークが生じたりすることが少なくない。検査資料に由来する固有のピークと，このようなノイズ的な信号あるいは擬似的なピークとをどのように区別するかは，当該検査結果やその分析から導かれた判

---

*26　科学的証拠に関する専門家の学会としては，鑑識科学技術に関するものとして日本法科学技術学会，分析化学に関するものとして日本分析化学会，ＤＮＡ型鑑定に関するものとして日本ＤＮＡ多型学会，法医学に関するものとして日本法医学会等がある。詳しくは，各学会のホームページ参照（日本法科学技術学会はwww.houkagaku.org，日本分析化学会はwww.jsac.jp，日本ＤＮＡ多型学会はdnapol.umin.jp，日本法医学会はwww.jslm.jp）。

*27　ＰＣＲ法による副産物で，ＳＴＲの本来のアリルより一反復配列分短いアリルが検出される。第2章第3の4(1)参照。

定の信頼性に大きく影響するものである[*28]。

一般に機器分析の方法自体は，技術的側面が強く，プロトコルとして確立しやすいのに対し，検出データの評価は，当該機器分析の長所，短所を知り抜いた上での経験的判断としての側面があることは否定できない。したがって，データ評価に関する基準なり留意点は，ある程度抽象的な面が残ることは否めないが，その抽象度が高いほど，イで検討する当該ケースにおけるあてはめに際し，分析者の経験的判断の側面が強くなる。

イ 当該ケースへのあてはめの信頼性

前述したように，検出データの評価は，当該機器分析の長所，短所を知り抜いた経験的判断としての側面があることは否定できない。科学者としての経験的判断である以上，他者による検証は可能であるから，経験的判断であること自体で信用性を低める事情とはならないが，個人の経験による以上，多少のばらつきが生じるという意味で個人的判断という側面も否めない。特に，データ評価の基準，留意点が抽象的であればあるほど，その側面が強くなることに留意すべきであろう。また経験的判断の側面がある以上，経験の乏しい検査者の評価については，当該機器分析の短所を十分意識した評価となっているかは慎重な検討が必要であろう。

いずれにせよ，これらの点は，科学的証拠の評価に際し，最も注意を要すべき点の一つである。

(6) 検査資料の適正（資料の収集，移動，保管過程の適切さ）

(1)から(5)までで検討してきたことは，科学的証拠固有の科学性に着目した検討のポイントである。しかしながら，信頼できる検査方法に基づいて的確に評価された判定であっても，対象となる資料が，収集，移動，保管の過程で別の物質によるコンタミネーション（汚染）が起きたり，別の資料との混交，すり替え等があったりすれば，刑事裁判において一定の位置付けを与えられた検査資料に対する判定，評価としては不適切なものとなってしまう。例えば，被害者が使っていたコップの底に残っていた粉末という位置付けのされた白色粉末資料について，実は採取過程で別の粉末が混じった可能性が生じると，白色粉末資料が，ある特定の毒物であることが判明しても，その証拠価値が大きく異なることになる。特に微細な資料についても科学的な分析が可能になってきた現在，極めて微量な物質の付着が検査結果に影響を与えることになる[*29]。

したがって，検査資料にコンタミネーション等が起こらない収集，移動，保管過

[*28] 小熊・前掲注25）5頁。分析方法ごとの専門書には，この種の記載は多い。蛍光X線分析であれば，例えば中井泉編「蛍光X線分析の実際」（朝倉書店，平成17年）22頁以下等参照。ＤＮＡ型鑑定については第2章参照。

[*29] 例えば，現在行われているＳＴＲ型によるＤＮＡ型鑑定であれば，血痕であれば2㎜×2㎜程度，精液斑であれば，1㎜×1㎜程度あれば鑑定可能といわれており，また，垢は，皮膚の表面を覆っている扁平細胞が脱落したものなので，その細胞からＤＮＡを抽出することができ，ＤＮＡ型鑑定が可能である（田辺泰弘「ＤＮＡ型鑑定」研修717号70頁）。

程の適切さは，科学的証拠に対する信頼性の大前提である。

第4　科学的証拠と証拠構造
1　科学的証拠から認められる事実と証拠構造
(1)　証拠構造上の位置付けの理解の重要性

　　前述の「証拠としての限界」で触れたように，科学的証拠は，多くの場合，そこからはピンポイント的な事実が認められるだけで，要証事実の認定との関係では限定的な役割しか果たさない場合が多い。しかし，前述（第2の3(3)イ(イ)）の「判断者の限界」の③の課題として触れたように，科学による解決への過度の期待等から必要以上に証拠の持つ価値を重大視してしまう危険性が指摘されている。

　　このような弊害を防止するためには，まず科学的証拠によって明らかになる事実と明らかにならない事実とをしゅん別し，科学的証拠によって認められる事実が，当該事案における当該争点判断において，どのような役割を果たすのかを明確にしておくことが必要不可欠となる。

(2)　科学的証拠が関係する事実（　I　ラージアイ）と関係しない事実（非I）のしゅん別

　　ここでは，以下の薬毒物鑑定を例に検討しよう。

> 公訴事実：被告人は，Xという毒物をVに飲ませて殺害した。
> 甲　鑑　定：V方から発見された紙コップ付着の白色結晶（a）と，被告人方から発見された缶内の白色粉末（b）から，いずれもXの成分が検出された。
> 検察官の：①Vの死因がXという毒物の摂取であること
> 立証構造　②被告人は，bの一部を紙コップに入れてVに飲ませたこと
> 　　　　　　⑦aとbは，同じ毒物であること
> 　　　　　　⑦bを使用できるのは被告人しかいないこと
> 　　　　　　⑦Vを除くと被告人以外にXをVの紙コップに入れることができる人物はいないこと
> 　　　　　　⑦その他

　　科学的証拠である甲鑑定が関係する事実（I ラージアイ）は，⑦のみであり，⑦とは関係しない証拠である。当該缶や白色粉末の使用状況（非I）は，甲鑑定とは関係しない証拠から判断されるべき事柄である。仮に，⑦でa＝bとなっても，⑦の事実認定には関係せず，被告人以外にも現実にbを使用した可能性のある人物がいる等⑦の立証ができなければ，被告人の犯人性に関する検察官の立証が成功したとはいえなくなってくる。しかし，このような場合，比較的珍しい毒物であるXが，被害者が使ったと思われる紙コップと被告人方の缶から科学的な分析によって検出されたという情報が頭に入ると，特に裁判員の場合，被告人が犯人ではないのかというイメージに科学のお墨付きが与えられたような印象を抱いてしまう可能性は否定できない。ここでは，科学的裏付けがある事実と常識に基づいて判断した事実とが区別されずにイメージされ，全体として「科学」によって認められたように錯覚してし

まう危険があるのである。

　このように科学的証拠が関係する事実がどのような事実で，その事実が当該争点判断において果たす役割と限界を意識的かつ明確に把握することが，科学的証拠に対する適切な評価の出発点となる。

⑶　**科学的証拠から直接認められる事実（^{スモールアイ}i）と推認される事実（I）のしゅん別**

　このような証拠構造上の位置付けの違いを意識するという観点からは，⑵で検討した科学的証拠の評価に関係する事実（I事実）と関係しない事実（非I事実）をしゅん別するという側面のほかに，科学的証拠の評価に関係する事実について，科学的証拠から直接認定することができる事実（^{スモールアイ}i事実）と，i事実を取り込み他の証拠から認められる事実をも併せて構成される間接事実[30]（I事実）を区別するという観点も重要である。

　例えば，前述の例で，㋐に関し，甲鑑定から直接認定することができる事実（i）は，「aとbは主たる毒物成分が同じものである」という場合から，「aとbは，主成分X以外の微量元素の種類，比率も一致している」という場合まで様々な段階があり，iは必ずしもIそのものではなく，Iを支える証拠の一つにすぎないのである。後者であっても，そのことから直ちに「aは，bから取り出されたものである」となるのではなく，微量元素の種類，比率が一致する意味に関する他の証拠評価が重要になるし，前者であれば，甲鑑定は，aとbは同様の成分の毒物であるという程度の意味しかないことになるから，「aは，bから取り出されたものである」というためには，更にその他の様々な証拠の検討が必要になる。

　このようにI事実とi事実を区別する視点は，証拠の機能を明確に分析するとともに，後述する証拠調べの必要性を考える上でも有益な視点となる。

2　試料からある物質が検出されたことの意味の検討の重要性

　試料からある物質が検出されたかどうかは，科学的証拠の正確性，信頼性の問題である。試料からある物質が検出されたとなると，次は，その試料からその物質が検出されたことの意味が問題になる。これは，科学的証拠とは関係しない事柄であり，事件や被告人とは無関係にその物質が付着した合理的可能性がある場合には，その試料からその物質が検出されたという事実は，証明力の乏しい事実として評価することが必要になる。この証明力の検討において，科学的証拠の評価が影響しないように遮断することが重要なことは前述したとおりである。

　ところで，今後，科学技術の進歩により，超微量な資料からも，最先端の技術によって特定の物質の検出等一定の有益な情報が得られるようになると，その資料からその情報が得られた意味の検討がより重要になるという点は意識しておくべきであろう。従前は検出限界以下であったような超微量の資料になると，これまでは余り想定され

---

[30]　経験則・論理法則を介して要証事実を推認させる事実（情況証拠）を指称する「間接事実」は，1個の証拠から認められる単一の事実ではなく，核又は基礎となる事実に，その周辺にあって争点との関連性を意味付けたり，推認力の程度を左右したりするような事実とが合して，初めて事実認定上有意なものと構成されることが多い。ここでは，そのような要証事実の認定上意味を持つように構成された一群の事実を，1個の間接事実としてとらえている。

なかった経緯で当該物質が付着した可能性が生じ，そのような場合，その可能性をどの程度適切に排除できるかということが問題になるが，その検討は必ずしも容易ではないのである。資料の微量さや状態によっては，その意味の評価については，慎重なスタンスが望ましい場合もあろう。

第5　科学的証拠に対する証拠法的規制の在り方
1　問題の所在
⑴　従前の学説における証拠能力論，関連性論の問題点

　科学的証拠の証拠能力，関連性については，これまで学説上，様々な議論がなされてきた。そこでは，科学的証拠の信頼性[31]，特に検査，判定の基礎となる原理や知見の信頼性という視点を，証拠能力あるいは関連性の要件の問題とするかという問題意識で議論がされてきたといってよい。そして，後述のとおり，自然的関連性の問題としてとらえる見解と法律的関連性の問題としてとらえる見解とに分かれ，自然的関連性の問題としてとらえる見解にあっても，自然的関連性の内容としてどのようなものを要求するかで更に見解が分かれている。

　しかし，学説の多くの見解が，科学的証拠の信頼性の観点から証拠能力・関連性の内容として要求するものは，当該科学的証拠の信頼性そのものであって，実質的には信用性なり証明力の内容として要求されることと重なり合うように思われる。つまり，学説において，証拠能力・関連性として要求される内容と信用性ないし証明力の内容として要求されるものの違いは，必ずしも明らかではなかったといえる[32]。

　例えば，自然的関連性の問題であるとする見解からは，検査・判定の基礎となる科学的な原理が信頼できるものでなければ，当該科学的証拠には，要証事実を推認させる必要最小限度の証明力も認められないといった指摘がされることが多い。しかし，そこで想定されているものは，当該科学的証拠について全ての審理を終えた後の当該科学的証拠の信頼性に関する最終的な判断であるように思われる。それであれば，まさに科学的証拠の最終的な実質価値であって，それは本来信用性あるいは証明力の問題として整理するのが相当なようにも思われる。そして，科学的証拠

---

*31　第1章において科学的証拠の「信頼性」という用語は，実質的な意味で用いている。注15）参照。

*32　この点，「『要証事実の存否の蓋然性に影響を与える力』とは，一定の証明力を有することを意味しており，ある『科学的証拠』が一般的に（すなわち，その基礎にある科学的原理に従い理想的に行われた場合，その結果に）信用性が認められるか否かは自然的関連性の問題と考えるのが適切であるように思われる。そのうえで，具体的な鑑定人の能力や鑑定の経過および鑑定資料の問題を（これも証拠能力の問題ではあるが）自然的関連性と区別して『条件的関連性』と呼び，それら（および法律的関連性）が認められた後に当該結果の信用性を判断するのを証明力の問題として，両者を区別するのが適切であろう」とする見解もある（浅田和茂「科学的証拠とその評価」『事実誤認と救済』（成文堂，平成9年）43頁）。しかし，実際の事案における科学的証拠の信頼性に関する審理，判断は，原理的な一般的知見と実際の検査内容の両者を関連させながら行われるものであり，原理的な一般的側面と個別具体的な検査内容を切り離して判断できるようなものではない。また，どこまでが原理的な一般的側面でどこからは個別具体的な検査内容の問題なのかも必ずしも明確ではないように思われる。

に関する証拠法的規制は，後述するように，公判前整理手続を含む刑事手続の各段階でその要件にどのような役割を与えるべきかの観点から，再検討する必要があるように思われる。

(2) **実務において科学的証拠の証拠能力論，関連性論が低調だった理由**

　他方，実務において，科学的証拠の証拠能力に関する議論は，必ずしも活発ではなかった。これには次のような手続的事情があったからと思われる。

　これまで科学的証拠の信頼性が問題になる場面は，主に検察官から科学的証拠としての鑑定書が請求され，弁護人がそれを不同意としたため，鑑定作業を行った者の証人尋問が行われるという形で展開されてきた。そして，その証人尋問において，鑑定作業を行った証人から，当該科学的証拠に関する詳細な内容が証言されることになるが，そこでは，鑑定書というよりも証言内容の信頼性が問題とされ，検察官は，その信頼性を支える方向で尋問し，弁護人は，その信頼性を弾劾する方向で尋問を行ってきた。そして，陪審制度を採用するアメリカとは異なり，事実認定者でもある裁判官が，科学的証拠に関する証言を子細に検討し，判決において，科学的な原理を含む当該科学的証拠の信頼性（信用性や証明力）について判断を示してきた。この判決で示される判断は，必然的に当該科学的証拠の信頼性に関する最終的判断であるから，それは実質的に当該科学的証拠の信用性や証明力に関する判断となる。したがって，あえてその時点で証拠の形式的資格としての証拠能力や自然的関連性に関する判断を示す実質的必要性が乏しく，その結果として，科学的証拠について，他の証拠と区別して，「科学的」であることに基づく証拠能力の要件を考える必然性が乏しかったといえる。事実認定の基礎となる証拠として用いることに疑問があれば，それを信用性がないと判断するか，証拠能力がないとするかは，相対的な違いにすぎないし，また，証拠能力を判断する裁判官自身が事実認定者なので，証人の証言の信用性を肯定しても，証明力の評価に際して慎重に扱うことは十分に可能であるから，科学的証拠について，科学的信頼性という観点から，あえて証拠能力という入り口を狭くする必要性をそれほど感じなかったのである。

　後述するように，判例が，科学的証拠の信頼性に関する観点を証拠能力の内容に余り盛り込んでこなかったのは，このような手続的事情が背景にあったと理解できるのである[33]。

(3) **裁判員裁判における科学的証拠の証拠能力論，関連性論の意義**

　しかしながら，裁判員制度や公判前整理手続の導入により，その問題状況は大きく変化した。

　まず，裁判員裁判では，科学的証拠に関する証人尋問を採用すれば，裁判員は，実質的に科学的証拠に関する内容を詳細に聞くことになる。したがって，裁判員に不当な影響を与える危険性の高い「科学的」な証拠であれば，鑑定書を証拠として採用するかどうかということよりも，そのような証人尋問を行うこと自体を避ける必要があるから，まず公判段階で当該科学的証拠について審理をするかどうかの基

---

[33]　警察犬による臭気鑑別に関するものであるが，酒巻匡「警察犬による臭気選別結果の証拠としての取扱について」ジュリスト893号68頁の指摘は参考になる。

準が必要となる。

　また，裁判員裁判では，科学的証拠の信頼性という観点は，それが証拠の採否や証拠能力，関連性といった要件で問題になる場合には裁判官のみで判断し，信用性や証明力といった証拠評価の場面で問題になる場合には，裁判員と裁判官の評議に基づいて決することになる。このようにその判断主体が異なるため，証拠能力・関連性の側面と信用性・証明力に関する側面との違いは明確にしておく必要がある。

　さらに，裁判員裁判において科学的証拠について審理をする場合，裁判員が理解できる審理をすることが必要となるが，科学的証拠に関する審理は，時間的な面でも裁判員の理解の面でも大きな負担を伴う。また，裁判員に不当な影響を与える危険性の高い証拠ではなくても，一般的に，科学の持つ権威から必要以上に科学的証拠の価値を重大視してしまう危険性が指摘されていたことは前述したとおりである。したがって，科学的証拠に関する審理，評議は，そのような負担や危険性を意識して行う必要がある。

　そして，裁判員裁判の場合，公判前整理手続において上記の多くが検討されるから，公判前整理手続において科学的証拠に関する証人尋問等を採用する基準や判断方法，適切な公判審理を実現するために公判前整理手続において検討しておくべきことが，理論的かつ実践的にも重要になってきたのである。科学的証拠に関する証拠能力や関連性に関する議論も，そのような観点から検討すべき問題である。

　そのような観点からは，科学的証拠の証拠能力や関連性に関する議論は，次のような場面を想定して検討すべきものと思われる。

　まず，公判前整理手続段階で，当該科学的証拠に関する証拠調べ請求を却下するための要件や手続である。これには2段階あり，一つ目は，いわゆる（自然的）関連性がないとして証拠調べ請求を却下する要件や手続であり，二つ目は，（自然的）関連性以外の事情をも考慮して必要性ないしは相当性がないとして証拠調べ請求を却下するための要件や手続である。

　次は，公判段階で当該科学的証拠に関する証人尋問等の証拠調べを行った上で，当該証拠を証拠排除するための要件である。

2　学説の状況

　学説上，科学的証拠の証拠能力は，自然的関連性の問題として論じられることが多い。具体的には，①基礎にある科学原理が確かなものであること，②用いられた技術がこの原理にかなったその応用であること，③使用した機器が正しく作動したこと，④検査に際して，正しい手続がとられたこと，⑤検査を行った者又はその結果を分析した者が必要な資格を備えていたことが必要であるとする見解が比較的多い[34]。また，①や②の観点を，自然的関連性ではなく条件付き関連性という概念で要求する見

---

[34]　光藤景皎「口述刑事訴訟法（中）〔補訂版〕」（成文堂，平成17年）143頁，山名京子「科学的証拠の証拠能力」『刑事訴訟法の争点（第3版）』164頁，浅田和茂「科学的証拠」『刑事司法改革と刑事訴訟法（下）』（日本評論社，平成19年）247頁，川端博・辻脇葉子「刑事訴訟法（新訂版）」（創成社，平成19年）245頁，福井厚「刑事訴訟法講義（第4版）」（法律文化社，平成21年）329頁，上口裕「刑事訴訟法（第2版）」（成文堂，平成23年）347頁，長沼・前掲注5）95頁。

解もある[*35]。

　他方で，これを法律的関連性の問題とし，証明力を担保する条件設定が困難な場合には法律的関連性は認められないとする立場もある[*36]。

　これらの見解は，当該事案での検査方法の的確さのみならず，検査の基礎にある科学的な原理・知見や当該検査方法がその科学的原理・知見の応用として妥当なものであることも，科学的証拠の関連性を肯定するためには必要であるとした上で，関連性の内容として，そのような正確性，妥当性を積極的に要求する見解といえ，科学的証拠の許容性については，他の証拠とは異なった要件で認めるべきだとする見解といえる。この見解の背景には，科学的証拠は，その科学性の持つ権威から，裁判官に対しても不当な影響を与える危険性は高く，証拠能力のハードルは高く設定しておくべきであるとする考え方があるものと思われる[*37]。

　これに対し，科学的証拠の許容性について，他の証拠と区別せず，自然的関連性の有無は，要証事実の存否に影響を与える必要最小限度の証明力の有無で判断すべきであるとする見解もある。具体的には，検査の基礎にある科学的な原理・知見や当該検査方法がその科学的原理・知見の応用として妥当なものであることといった観点が，科学的証拠の自然的関連性に含まれることは前提にしつつも，自然的関連性の内容として，基礎にある原理・知見の正確性やその応用としての妥当性を積極的に要求するものではなく，そのような正確性・妥当性が定型的に保証されていないという事情があれば自然的関連性を否定するが，そのような事情がなければ自然的関連性を肯定するという見解である[*38]。

　また近時は，科学的証拠の証拠能力の問題を，自然的関連性の枠の中で議論せずに，科学的証拠の特性に応じた証拠能力の判断基準を検討すべきであるという見解もある[*39]。

　なお，従来は，検査の基礎にある科学的原理・知見の正確性につき，後述するアメリカにおけるフライ基準を参考に，当該専門領域における「一般的承認」が必要であるとする見解も有力であった。しかし，このフライ基準自体が，アメリカにおいて連邦証拠規則やその後の連邦最高裁の判例によって変更され，当該専門領域における一般的承認は，科学的証拠について関連性を肯定する不可欠の要件ではなく，一つの視点，指標とされたことから，我が国における解釈論としても，当該専門領域における一般的承認を不可欠とする見解は少数となっていると思われる。なお，アメリカにおける科学的証拠に関する議論をどのように参考にすべきかについては，後述する。

---

*35　光藤景皎「証拠の関連性について」『刑事証拠法の新展開』（成文堂，平成13年）11頁。

*36　田口守一「刑事訴訟法（第6版）」（弘文堂，平成24年）369頁，木谷明「いわゆる臭気鑑別書の証拠能力」『刑事裁判の心—事実認定適正化の方策（新版）』（法律文化社，平成16年）243頁。

*37　家令和典「科学的証拠による事実認定—ＤＮＡ型鑑定を中心として」『刑事事実認定の基本問題（第2版）』（成文堂，平成22年）342頁。

*38　三井・前掲注5）254頁，安廣文夫『大コンメンタール刑事訴訟法（第2版）第7巻』（平成24年）447頁，寺崎嘉博『刑事訴訟法（第2版）』（成文堂，平成20年）389頁。

*39　辻脇・前掲注11）440頁。

このように学説の状況には，やや錯綜したものがあるが，公判前整理手続を経ることになる裁判員裁判を念頭に置いて，科学的証拠に関する証拠能力論，関連性論に，どのような手続的役割を担わせるのかは，余り意識されてこなかったように思われる。前述したように，この議論は，公判前整理手続を踏まえた裁判員裁判を念頭において，科学的証拠について，どのような場合に公判での審理を許さないのか，どのような場合に公判審理を経た上で証拠排除するのかといった観点が重要であるように思われる。

　また，学説が証拠能力や関連性のハードルを高く設定することで，「科学」の持つ権威性が判断者に対して与える不当な影響を防止しようとしたその狙いは理解できるが，それは，必ずしも証拠能力や関連性といった証拠の入り口の要件でしか達成できないものではない。後述するとおり，信用性や証明力といった証拠の実質の判断においても，十分に達成することが可能なものと考えられる。

3　判例の状況

(1)　判例の状況

　科学的証拠といわれるものに関する最高裁判所の判断としては，次のようなものがある。

①　最決昭和41年２月21日裁判集刑事158巻321頁（筆跡鑑定）

　「いわゆる伝統的筆跡鑑定方法は，多分に鑑定人の経験と感に頼るところがあり，ことの性質上，その証明力には限界があるとしても，そのことから直ちに，この鑑定方法が非科学的で，不合理であるということはできないのであって，筆跡鑑定におけるこれまでの経験の集積と，その経験によって裏打ちされた判断は，鑑定人の単なる主観にすぎないもの，といえないことはもちろんである。したがって，事実審裁判所の自由心証によって，これを罪証に供すると否とは，その専権に属することがらであるといわなければならない。」

②　最決昭和43年２月８日刑集22巻２号55頁（ポリグラフ検査結果）

　適法な上告理由に当たらないとの判断を示した後の括弧書きで，「（ポリグラフ検査結果を，被検査者の供述の信用性の有無の判断資料に供することは慎重な考慮を要するけれども，原審が，刑訴法326条１項の同意のあったポリグラフ検査結果回答書２通について，その作成されたときの情況等を考慮したうえ，相当と認めて，証拠能力を肯定したのは正当である。）」

③　最決昭和62年３月３日刑集41巻２号60頁（警察犬による臭気選別結果）

　「警察犬による本件各臭気選別の結果を有罪認定の用に供した原判決の当否について検討するに，記録によると，右の各臭気選別は，右選別につき専門的な知識と経験を有する指導手が，臭気選別能力が優れ，選別時において体調等も良好でその能力がよく保持されている警察犬を使用して実施したものであるとともに，臭気の採取，保管の過程や臭気選別の方法に不適切な点のないことが認められるから，本件各臭気選別の結果を有罪認定の用に供しうるとした原裁判は正当である」

④　最決平成12年７月17日刑集54巻６号550頁（ＤＮＡ型鑑定）

　「ＭＣＴ１１８ＤＮＡ型鑑定は，その科学的原理が理論的正確性を有し，具体的な実施の方法も，その技術を習得した者により，科学的に信頼される方法で行

われたと認められる。したがって，右鑑定の証拠価値については，その後の科学技術の発展により新たに解明された事項等も加味して慎重に検討されるべきであるが，なお，これを証拠として用いることが許されるとした原裁判は相当である。」

(2) 判例の理解

ア　学説における評価

　科学的証拠に対する判例の立場について，学説は，特に④の判例より前のものについて，判例は，一般的傾向として，当該検査の科学的根拠がいまだ確立されていないからといって，直ちに証拠能力を否定するという立場をとらず，検査を実施した者に適格性が認められ，かつ機械・器具，道具，資料，検査法等からみて検査結果に信頼性があるといえる場合に，証拠能力を認めてきたと整理し[40]，その背後には，「機械や技法の開発・進展，検定確率の上昇に対する評価，『科学』に代替する経験的事実の積み重ね，職業裁判官制度であることなどの考慮が働いているとみることができる。」[41]との指摘もされてきた。そして，④の判例が現れると，学説からは，④は，従来の判例にはなかった鑑定技術・方法の理論的妥当性の前提となる「科学的原理の理論的正確性」を明示した点に特徴があり，それは従来の判例が恐らくは暗黙の前提にしていたものを明示したのであり，科学的証拠の許容性の判断に当たって，「科学的に信頼される方法」を中核的な要素として位置付けたところに意義があること，そのようなことから，判例は，科学的証拠に証拠能力ないしは関連性が認められるには，基礎となる科学的原理が理論的に正確なものであり，当該検査方法が科学的に信頼される方法であることが必要であるという立場であるという指摘もされている[42]。

イ　検討

　判例の立場を理解するには，幾つか留意すべき点がある。

　まず，①や③は，前述の第1類型のものであり，そこで信頼性を支えているのは，それなりの科学的根拠の他に，人が社会生活を営む中で自然に体得する経験的なものに合致していること，さらに，現実の捜査の中でそれなりの実績を残していることといった科学性以外の要素に負う部分も大きいことに留意する必要がある。したがって，①や③の判例は，科学的証拠の証拠能力や関連性に関して科学的根拠といった観点は不必要としているものではなく，科学的根拠以外の事情が信頼性を支える柱になっていることから，科学的根拠が確立していることを独立した要件として要求しなかったものと考えることができる。

　また④については，この判例が，積極的に，科学的証拠の証拠能力ないしは関連性の要件として，基礎となる科学的原理の理論的正確性や当該検査方法の科学的信頼性を積極的に要求していると理解するには疑問が残る。なぜなら，④の判示は，「科学的原理が理論的正確性を有し，具体的な実施の方法も，その技術を

---

*40　井上正仁「科学的証拠の証拠能力 (1) 研修560号3頁，長沼・前掲注5) 96頁，三井・前掲注5) 269頁，辻脇・前掲注11) 429頁。

*41　三井・前掲注5) 269頁。

*42　長沼・前掲注5) 96頁，辻脇・前掲注11) 433頁。

習得した者により，科学的に信頼される方法で行われた本件ＭＣＴ１１８ＤＮＡ型鑑定について，証拠として用いることが許されるとした原裁判は相当である。」という判示であり，そのような事情のある当該鑑定は，「もちろん」証拠として用いることができるという「もちろん解釈」をしたにすぎない。また，科学的原理の正確性や具体的検査方法の科学的信頼性の程度については何ら言及がなく，むしろその後の科学的技術の発展は証拠価値の面で検討するとしており，証拠能力，関連性の要件として，裁判時における万全の正確性，信頼性を求めているものでもない。④が科学的原理の理論的正確性や具体的方法の科学的信頼性といった視点を提示している以上，そのような観点が科学的証拠の証拠能力や関連性を考える上で必要になることはそのとおりであるが，④が当該ＭＣＴ１１８ＤＮＡ型鑑定を離れて，科学的証拠の証拠能力ないしは関連性の要件として，科学的原理の理論的正確性や科学的に信頼できる方法であることを積極的に要求している判示とまでいえないと解される[43]。

　科学的証拠の証拠能力や関連性に関する判例の立場を考える上では，前述したように，従前の審理方法や判断方法からは，証拠能力と信用性あるいは証明力とをしゅん別する実益に乏しい部分があり，そこでの最大の関心事は，有罪認定の資料として用いることができるかどうかにあったという点に留意する必要がある。すなわち，当該科学的証拠の信頼性に問題があり，証拠として用いることができない場合に，証拠能力がないとするか信用性がないとするかは裁判官にとって実質的にそれほど重要な問題ではなく，また，証拠として用いることができるとしても，裁判官は，証明力の評価については，じっくりとした審理と検討によって慎重な姿勢で臨むことが十分にできたのである。また前記の各判例で問題になった証拠は，「科学的」であることの意味にかなりの差異があり，必ずしも同一の土俵でその証拠能力や関連性の有無を検討しにくいにもかかわらず，一括して「科学的証拠」として議論されてきた面があり，そのことがやや混乱を招いたことも否めないように思われる。

　以上の検討によれば，判例上は，科学的証拠の証拠能力や関連性について，科学的原理の理論的正確性や具体的方法の科学的信頼性といった視点を必要とはしているが，その視点をどのような形でどの程度要求しているのかについては，明

---

[43]　④について，後藤眞理子「平成12年度判解（刑事）」177頁は，「ＤＮＡ型鑑定の証拠能力，証明力に関しては，各種の見解があるが，現時点では，科学的鑑定としてその証明力を認めるためには，少なくとも，①科学的法則を応用した技術に理論的妥当性があること，②適切な検査資料を，技術及び経験を有する適格な検査者が，検査機器の作動や試薬の性状が妥当である状態で，正確にデータを解析し，読み取って実施すること，の二つの要件を具備することが必要であると解することに特に異論はないと思われる。本件の第１審判決及び原判決も，右と同様の基本的立場に立って，それぞれの要件について検討を加えたものと思われる。当審決定も，基本的にはその延長線上にあり，『科学的原理が理論的正当性を有し，具体的な実施の方法も，その技術を習得した者により，科学的に信頼される方法で行われた』と認められる場合に，これらの要件を具備すると表現したものと思われる。」としており，必ずしも証拠能力に必要な要件とはしていない。

確にされていないと理解すべきであろう。

4 アメリカにおける科学的証拠の許容性の議論

(1) 概要

ア フライ基準から連邦証拠規則，ドーバート判決まで

アメリカでは科学的証拠の許容性に関する議論が活発に行われており，我が国における議論にも大きな影響を与えている[44]。

まず，1923年にコロンビア特別区連邦控訴裁判所が開発初期段階のポリグラフ検査に関して下したフライ（Frye）判決において，「専門家証言が導き出される根拠となる事項は，それが所属する特定の分野において一般的承認（general acceptance）を得たものであることが必要である」として，ポリグラフ検査結果の許容性を否定した。その後の連邦裁判所や州の裁判所がこの一般的承認の基準を援用したため，「科学的証拠が許容されるためには，その基礎となる理論や手法について，その所属する特定の分野における一般的承認を必要とする。」という一般的承認の基準が，フライ基準（Frye rule）と呼ばれるようになった。

このフライ基準は，当該科学的証拠の有効性が，当該科学領域の専門家というその判断に最も適した人々によって判断されることや，許容性判断の統一性が確保できること，確実らしいような雰囲気を伴った新奇な技術による誤導の危険から陪審を免れさせることができること等の理由から支持され，科学的証拠の許容性の基準となった。

しかし，その後科学技術の進展を背景に，フライ基準は，何をもって一般的承認があるとするのか，あるいは科学的証拠のどの部分に一般的承認が必要なのかといったことが明確ではなく，実際の適用も法域によってまちまちになってしまっているといった批判，あるいは急速かつ多様な発展を見せる科学技術を「一般的承認がない」という形式的基準で否定し訴訟手続に応用させる道を狭くすることは，人間の知覚や経験に頼る伝統的な証明方法よりは確実性の高いと思われる新たな科学的証拠の利用可能性を閉ざすことになり妥当ではないといった批判がされるようになった。そして，誤導や偏見を与える等の危険が証拠としての価値を上回るときは証拠から排除するという「衡量テスト（balancing test）」や，「一般的承認」という形式的な基準ではなく基礎となる理論や技法の信頼性や有効性を実質的に肯認できればよいという意見が出されるようになってきた。

1975年に制定された連邦証拠規則（Federal Rules of Evidence）は，専門家証言（expert witness）は，それが事実認定者による証拠の評価や事実の判定を助ける（assist）場合に許されるとしたのみで，「一般的承認」の基準は設けられず，公式の規則の解説でも何ら言及されなかった。そこで，一方で，解釈論としてフライ基準が連邦証拠規則制定後も有効性を保っているかが問題になり，他方で，

---

[44] アメリカにおける議論の状況については，井上正仁「科学的証拠の証拠能力 (1) (2)」研修560号3頁，同562号6頁，辻脇・前掲注11) 413頁，野々村宣博「刑事訴訟におけるFrye法則の意義について」法と政治46巻3号473頁，徳永光「ＤＮＡ証拠の許容性—Daubert判決の解釈とその適用」一橋法学第1巻3号807頁等を参照。本項目は，特に井上論文に負うところが大きい。

民事裁判を中心に，巨額の損害賠償につながるため，当事者が多くの費用をかけて自己に有利な証言をしてくれる専門家を買いあさったり，成功報酬目当てに新奇な「科学的」証言を売り込む自称専門家が現れたりするようになり，科学的方法・技法の利用を拡大する一方で，これらの中にはジャンクサイエンス[45]といわれるものもあり得るから，そのようなジャンクサイエンスをいかに排除するかが大きな課題となっていた。

そのような状況下で1993年に連邦最高裁判所は，「ベンディクティン」と呼ばれる薬の妊婦による服用と出生児の障害との因果関係が争われた民事事件において，科学的証拠の許容性について，次のような新しい判断を示した（ドーバート（Daubert）判決）。

①　フライ基準の「一般的承認」は，連邦証拠規則により廃棄されている。一般的承認のような厳格な要件は，伝統的な意見証拠に対する垣根を緩和しようとする連邦証拠規則のアプローチにそぐわない。

②　連邦証拠規則702条は，専門家の証言が「科学的知識」に基づかなければならないとしているから，専門家証言として許容されるのは，その基礎となる理論と技術が，証拠として関連性（relevancy）があるだけでなく，科学的有効性に立脚した信頼できるもの（reliability）でなければならない。また，同条は，科学的知識が事実認定者の証拠評価や判定を「助ける」ものであることを要求しているから，関連性の要件も，目的とする事実の認否に科学上有効に結び付き得ることを要求するものである。事実審裁判官は，許容性の認められた科学的証言又は証拠の全てに，関連性と信頼性があることを保証しなければならない。

③　関連性（relevancy）及び信頼性（reliability）の二つを判定するには，a）当該証言の基礎となっている理由付けや方法が科学的に有効なものであり，かつ，b）その理由付けや方法が当該事実に適切に適用され得るものであることを確認する必要がある。この判断には多くの要因が関連するが，

　ア）当の理論や技法がテスト可能なものであり，また現にテスト済みのものであるかどうか

　イ）それが他の専門家による吟味を受けているかどうか

　ウ）当の特定の技法につき，誤りがどの程度発生しており，あるいは発生する可能性があるか，また，その実施を規制する基準が存在するかどうか

　エ）それがどの程度幅広い承認を得たものであるか

が通常考慮に入れられるべきである。「一般的承認」ということも，この③の要素としては意味を持つが，究極的な問題は，あくまでも当の証言の基礎をなす原理や方法の科学的有効性の有無であり，その判定は柔軟になされるべきである。

④　これに加えて，専門家証言は評価が困難なため誤導のおそれも大きいので，

＊45　junk science。「くず科学」とか「えせ科学」といわれることもある。

不当な偏見や誤導の危険が証明上の価値を上回るときは，連邦証拠規則403条の規定により証拠から排除されるべきである。

　⑤　「えせ科学」的な危険な証拠には，反対当事者による厳しい反対尋問や反証の提示，裁判官による注意深い説示という伝統的方法で十分対処できる。

　そしてこの判決では，裁判官は，科学的証拠の弊害から証拠評価や事実認定の適正さを保護するための門番（ゲートキーパー）としての役割を担うことが求められた。

　このドーバート判決が示した「科学的知識が許容されるためには，その基礎となる理論や技術が，証拠として関連性があるだけでなく，信頼できるものでなければならない」とする連邦証拠規則702条の解釈基準は，ドーバート基準あるいは「信頼性の基準」と呼ばれ，ドーバート判決を受け，連邦証拠規則702条が2000年に改正され，次の(1)から(3)が付け加えられた[46]。

　「知識，技術，経験，訓練又は教育によって専門家としての資格を有する証人は，科学的知識，技術的知識その他の特別な知識が，事実認定者による証拠の理解，又は争点となっている事実の判断に役立つ場合において，(1)証言が十分な事実又はデータに基づいており，(2)証言が信頼性のある原理及び方法の結果であり，かつ(3)証人がその原理や方法を当該事件の事実に信頼性をもって適用したときは，意見又はその他の形式で証言することができる。」

イ　近時の状況[47]

(ア)　連邦最高裁のドーバート判決が出された後，多くの州が従来のフライ基準を改め，ドーバート基準に改正した。現在では，コネチカット，ケンタッキー，ルイジアナ，ミシガン，ミシシッピ等，半数以上の州がそのような対応をしている。これに対し，ドーバート判決以後もフライ基準ないしそれを修正した基準（一般的承認を必須の要件とする）を使い続けている州も相当数存在する。カリフォルニア，フロリダ，イリノイ，ニューヨーク，ペンシルベニア，ワシントン等であるが，人口の多い州が多いため，米国のおよそ半数の訴訟には，依然としてフライ基準ないしフライ基準類似の法則が適用されているとも言われている。このドーバート基準と（修正された）フライ基準の違いは，ドーバート基準は，その後の判例（1999年，クムホ判決）によって科学的知識のみに限られず，技術的その他の専門知識（"technical" and "other specialized" knowledge）にも適用されることとなった。これに対し，（修正された）フライ基準を採用する多くの州は，同基準を適用するのは，新規の科学的理論ないし技術（new/novel scientific theories or techniques）に限定し，専門家の経験や訓練に基づいた証言には適用されないとしている。この二つの基準の違いは，要は，柔軟な基準か厳格な基準か，裁判官の裁量が広いか狭いかという点にあるが，厳格で裁判官の裁量の幅が狭いとされる（修正された）フライ基準

＊46　辻脇・前掲注11）428頁，徳永・前掲注44）833頁。

＊47　主に，アメリカにおける科学的証拠の実情を調査した最高裁刑事局局付（現東京高裁）伊藤ゆう子判事の報告による。

は，その適用対象を限定することで実際の妥当性を図っているともいえる。また，当地の法曹関係者へのインタビューでは，この二つの基準によって，実際の判断は，それほど異ならないのではないかとの意見も聞かれたとのことである。

(イ)　近時のアメリカにおける科学的証拠を取り巻く話題について，二つ指摘しておきたい。

　一つ目は，米国科学アカデミーが連邦議会からの付託により米国の法科学（Forensic Science）に関する現状を調査し，2009年にその結果を報告，発表した「米国における法科学の強化：未来への道程（Strengthening Forensic Science in the United States：A Path Forward）」である。同調査は，高度の全国統一的な品質保証措置が確立された成功例としてＤＮＡ型鑑定は対象外とし，その他の各種科学的証拠に関し，ＤＮＡ型鑑定と比較する形で評価分析がされたものである。同報告では，指紋鑑定，火器・道具痕鑑定，火災原因鑑定，文書鑑定といったこれまで捜査や裁判で広く用いられてきた証拠の鑑定手法に関し，鑑定機関に関する統一的な認証制度がないこと，分析官の主観的評価が介入する鑑定においても統一的な準則がないこと等の問題点を指摘しており，米国の司法界へ強い衝撃を与えたとされている。各種分析方法における統一的基準の有無等については，米国と日本とではかなり実情が異なる点も多いが，科学的証拠の信頼性に関し，技術の進歩とともに信頼性確保のためのたゆまぬ努力とそのためにも専門家を含む第三者によるチェックの必要性が示唆されているといえよう。

　二つ目は，「ＣＳＩエフェクト」である。これは，「ＣＳＩ：Crime Scene Investigation」という警察の科学捜査班の活躍を描いた当地の人気テレビ番組に代表される科学捜査の誇張された描写が陪審員等の一般市民に与える影響のことで，ＣＳＩの視聴者は，科学的証拠が法廷に提出されることを過度に期待し，ひとたび提出されると，それに過度に依存する傾向があるとの指摘が法曹関係者や法学研究者の間でなされている。ＣＳＩエフェクトには，二つの側面があるといわれており，一つは，陪審員が，科学的証拠（特にＤＮＡ証拠）を，科学的証拠というだけで絶対確実なものと過信し，そのような証拠が存在する場合，安易に有罪認定してしまうというもの，もう一つは，適正な捜査を行えば必ずＤＮＡや指紋などの科学的証拠が発見されるものと信じて，あらゆる事件で科学的証拠が提出されることを期待し，法廷に科学的証拠が提出されないと，他に情況証拠や目撃証言等の有罪を支える十分な証拠があっても，立証が尽くされていないと考え無罪にする傾向があるというもので，当地では最近は特に二つ目の側面，すなわち陪審員による科学的証拠の過度の要求が，捜査や立証の負担増につながっているとして，検察官や捜査関係者を中心に問題視されているとのことである。真実このような傾向があるか，「ＣＳＩ」が陪審員にどのような影響を与えているかは，当地においても議論や検討が続いており，必ずしも実証されたものではないが，科学的証拠を裁判でどのように扱うべきかについて，印象が優先しがちな市民感覚も念頭に置いた議論が必要であるこ

とを示唆しているといえる。

(2) 検討—日本との共通点，相違点

　アメリカでの科学的証拠に関する議論は，示唆に富むところが多く，日本における科学的証拠の在り方を考える上でも参考になるところが多い。

　ところで，我が国の学説の多くは，アメリカにおけるこれらの議論が科学的証拠の許容性の問題として議論されていることから，日本における証拠能力論の参考になるとし，検査の基礎にある科学的な原理・知見の正確性やその科学的原理・知見の応用としての当該検査方法の妥当性といった観点を積極的に証拠能力の要件とする根拠の一つとしているものが少なくない。

　しかしながら，アメリカでは，科学的証拠に関する専門家証人の許容性が問題になると，公判準備の段階で実際に専門家証言に関して審理を行い，事前に裁判官が許容性の判断を行う[48]。そして，そこで許容性を肯定された専門家証人のみが，公判において陪審員の前で証言することができるのである。つまり，事前に証人尋問により科学的証拠の信頼性について十分に審査できる手続があることを前提に，陪審員に証拠として示すことができる基準として証拠の許容性が議論されているのである。そして，一旦，証拠の許容性が認められれば，陪審制度である以上，科学的証拠の信用性や証明力の評価は陪審員のみが判断し，しかもその判断の理由も示されないのである。このような制度を前提にすれば，科学技術の高度の専門性のゆえに事実認定者がその内容を理解し，実質的に評価することが困難である一方，まさに「科学」という名のゆえに客観的に確実だと誤信ないし過信されやすいという危険性を秘めた科学的証拠[49]は，陪審員に示すかどうかがまさに重要になり，陪審員に示すことを許される科学的証拠であるためには，その基礎となる原理や手法については，信頼性・確実性の担保が必要と考えられたのである。フライ基準やドーバート基準，連邦証拠規則702条も，この点では同様である。

　このような裁判手続を前提にすれば，裁判官が，科学的証拠の弊害から証拠評価や事実認定の適正さを保護するための門番（ゲートキーパー）としての役割を果たす上で，証拠の許容性を判断する場面は極めて重要である。そして，その基礎となる理論や技術の信頼性が明確ではない科学的証拠は，陪審員に示す証拠としては許容されないとして，公判準備の段階で排除するのが相当と考えられてきたのである。

　これに対し，我が国では，科学的証拠としての鑑定書に相手方が同意しないと，鑑定内容について，公判で鑑定書作成者の証人尋問を行い，事実認定者がその内容を詳しく知る訴訟手続であることを前提に，最終的に事実認定の資料に用いてよいかどうかの観点から証拠能力や関連性の有無が議論されてきたのである。つまり，我が国における科学的証拠の証拠能力論，関連性論は，公判で事実認定者に示してよいかどうかの議論ではなく，審理後に最終的に有罪判断の基礎となる資料としてよいかどうかの議論なのである。

---

[48]　アメリカにおける刑事陪審裁判の公判準備段階の証拠排除手続に関しては，丸田隆「刑事陪審裁判における不適切証拠の事前排除」法と政治43巻4号361頁参照。

[49]　井上正仁「科学的証拠の証拠能力 (2)」研修562号8頁。

このようにアメリカにおける証拠の許容性の議論と日本における証拠能力や関連性の議論は，具体的に問題となる局面を異にしている。

また，アメリカの証拠法は，民事裁判・刑事裁判共通であり，科学的証拠の許容性も，民事裁判・刑事裁判共通であるから，要件面でジャンクサイエンスを公判に持ち込ませない必要性が相当程度高い。これに対し日本では，刑事裁判のみの要件論であって，また科学捜査を担う側も，刑事裁判における証拠の適性を意識し，慎重な態度で臨んできた伝統もあり，少なくとも公的な鑑定機関が行う鑑定に限れば，アメリカと比べてジャンクサイエンスが刑事裁判に登場する蓋然性はかなり低いといった現実認識も踏まえる必要があろう。さらに，我が国では職業裁判官が科学的証拠の実質的価値について判断するといった事情も加わり[50]，判例・実務は，科学的証拠の証拠能力あるいは関連性について，アメリカのような濃厚な内容を盛り込んでこなかったものと考えられる。

このような検討によると，アメリカの科学的証拠の許容性に関する議論は，その信頼性に疑問が生じるような科学的証拠をあぶり出すものであるから，我が国においても，科学的証拠の信用性なり証明力なりの実質的価値を評価する場面では十分に参考になる。例えば，ドーバート判決が指摘したような視点は，信用性や証明力の判断において十分に参考になると考えられる。ただ，それ以上に証拠能力論や関連性論の参考にするかは，証拠能力や関連性にどのような手続法的役割を与えるかによって異なってくると考えられる。

5 検討

(1) 視点

科学的証拠の証拠能力や関連性，必要性といった証拠法的規制の在り方を考察していく上で，次のような視点が重要となろう[51]。

ア 科学的証拠の限界と裁判員裁判

(ア) 科学的証拠の見地からみた裁判員制度と陪審制度との異同

従前の裁判官裁判を念頭に置いた議論では，裁判官の場合，同種の証拠を扱う機会は何度かあることや，裁判官相互にその経験を共有することも考えられること，一定の間隔を置いて公判期日が開かれる実務慣行を前提にする限り，裁判官が証拠の実質的価値についてある程度時間をかけて検討することが可能であること，あるいは，必要があれば，裁判官のイニシアティブで，他の専門家による鑑定を命じたり，補充的な資料の取調べを行ったりするみちも開かれていること等が指摘されてきた[52]。そして，そのような裁判官のみが事実認定を行うという認識が，市民のみが判断者となる陪審制度と異なり，従来の裁判

---

[50] 科学的証拠の証拠能力に関する日米の違いに関して，我が国がアメリカのような陪審制度を採用せず，職業裁判官が証拠評価を行う点を指摘する見解は多い。ただ，職業裁判官といっても当該専門領域に関しては非専門家であることは陪審員とは異ならないであろう。市民である陪審員，裁判員と職業裁判官がどのような点で異なると考えるべきかは，後述する。

[51] この点に関し，井上・前掲注49）8頁は示唆に富む。

[52] 井上・前掲注49）10頁。

官裁判では，科学的証拠の自然的関連性について他の証拠と区別する必要はないという見解の価値判断を支えてきたといえる[53]。

　ところで，職業裁判官は市民とは違うという場合に，何が違い，その違いが何をもたらすのかという点をしっかりと意識しておく必要があろう。

　まず，職業裁判官といっても，高度に専門的な科学技術については門外漢であり，その内容を理解し，実質的に評価できるだけの能力や素養を必ずしも有していないという点では，非専門家である市民と本質的な違いはないことを認識すべきである[54]。科学的証拠の信頼性が争われている場合に，科学的分析の基礎原理に関する基本的な理解といった基礎的な部分ならともかく，争点判断に影響するようなレベルでの専門的知見については，裁判官のみで主体的に判断できるとは考えられない。やはり専門家によって専門的知見を提供してもらうなり，同じレベルで反論してもらうなりして，問題となる専門的知見の内容については，専門家のレベルでかみ砕いて説明してもらう必要がある。

　また，裁判官の科学的証拠に関する経験や専門的知見の理解といっても，裁判官による個人差があり，それ自体，当該裁判の争点判断に関して必要な限度での経験，専門的知見の理解にとどまるから，汎用性の高い経験，専門的知見ともいい難い。

　では，どのような点が，職業裁判官は，非専門家である市民と異なるのであろうか。

　最も大きな違いは，職業裁判官は，法律家として科学的証拠の持つ特殊性，危険性について認識があり，個々の裁判において，科学的証拠の意義と限界の双方を審理で明らかにすることが重要であることを知っていることである。そして，評議においても，その双方を意識して議論することが重要であり，それが科学的証拠の持つ危険性を現実化させない方策であることを知っているということである。前述した裁判官が個人的に知っている専門的知見も，そのような危険性の認識があって初めて有益なものとなるのである。

　裁判員裁判では，科学的証拠の信用性や証明力について，裁判員と裁判官が評議することになる。手続的にみれば，まず公判前整理手続において，科学的証拠の意義と限界が明示的になる審理方法について検討がされ，公判では，その点を意識した立証等の活動が実践され，論告・弁論では，検察官及び弁護人から，科学的証拠の意義と限界を意識した主張がなされ，評議においては，そのような検察官，弁護人の科学的証拠の信頼性に関する主張を踏まえて議論がされることになる。そして，科学的証拠の意義と限界を意識することが重要であることを認識している裁判官からは，証拠法の解釈としていえること，例えば，証拠裁判主義を逸脱しないようにとの指摘は裁判員法66条5項に基づいて，個別具体的な証拠評価に関する意見は裁判官個人の意見として，評議に提供さ

＊53　安廣・前掲注38）140頁。

＊54　井上・前掲注49）10頁。

れることになる。このような点は，やはり市民のみが事実認定者である陪審制度と比べると，科学的証拠の持つ危険性が現実化しない防波堤があるという点で，大きな違いというべきではないだろうか[*55]。

　また，裁判員裁判では，争点に対する判断が示されるのが通常であるから，科学的証拠の信頼性が争点となった場合には，判決書にその判断が示されることになる。このように対外的に当該科学的証拠の信頼性に関する判断を示すことが求められていることも，陪審制度とは大きな違いといえる。

(イ)　公判前整理手続の役割

　裁判員裁判では，公判前整理手続において科学的証拠の信頼性について争点や証拠の整理が行われる。したがって，信頼性に争いがあるときは，その争点は，具体的に明確にされ，審理計画の面では，集中的，連続的開廷が要請されることから，科学的知見を理解するために期日間の時間を利用することは難しいことを前提に，科学的証拠を理解するために必要な知見やその理解の程度について，当事者，鑑定人を含めて検討がなされ[*56]，事実認定を行う裁判所主宰の下で，適切な審理計画が策定される。したがって，裁判員と裁判官が科学的証拠の評価等について，その意義と限界を意識した評議を行うことができる審理となるよう，公判前整理手続において審理方法等についてしっかりと検討がなされることが求められている。ただ，公判前整理手続において科学的証拠の信頼性について実質的な審査をすることには，手続本来の目的から限界があることは後述するとおりである。

(ウ)　証拠開示の重要性

　当事者主義構造の下において科学的証拠の危険性が顕在化しないようにするためには，科学的証拠の信頼性に関する当事者の攻撃防御が充実したものになることが重要である。そのためには科学的証拠に関する証拠開示が極めて重要になる。この十分な証拠開示がなされ，当事者の充実した訴訟活動がなされることは，科学的証拠の危険性を現実化させない大きな担保といえる。

---

*55　アメリカでも，ドーバート判決が指摘するように，科学的証拠の信頼性について，一定程度職業裁判官が門番（ゲートキーパー）の役割を果たすことが求められており，そのため裁判官向けの科学的証拠に関する解説書が積極的に評価されるようになっているようであり（徳永・前掲注44）833頁），裁判官が自己研さんの一環として，このような専門的知見を身に付けることは有益であろう。アメリカでのこのような科学的証拠に関する解説書として，例えば，連邦司法センター（Federal Judicial Center）から2011年9月に第3版が出版された「Reference Manual on Scientific Evidence（3 rd Edition）」がある。この文献は，専門家証言の許容性，科学の機能，法識別鑑定に関する専門的知識，ＤＮＡ鑑定，統計学，重回帰分析，サーベイリサーチ，経済的損害の見積もり，暴露科学（Exposure Science），疫学，毒物学，医学的証言，神経科学，メンタルヘルスに関する証拠，エンジニアリングといった項目からなる1000頁を超える解説書である。

*56　裁判員裁判の導入に際し，科学的証拠に携わる研究者の側からの検討もされている。例えば，勝又義直「信頼される鑑定検査のあり方—裁判員制度への対応—」警察学論集第60巻2号1頁，同「裁判所における科学的の評価について」法科学技術13巻1号1頁等がある。

イ　公判前整理手続の位置付け

　科学的証拠に関する証拠法的規制の在り方を考える上で，公判前整理手続の果たすべき役割の理解は重要である。

　公判前整理手続は，審理途中で審理計画が変更されないよう双方の主張や立証方法を明らかにしつつ審理計画を策定することが目的であり，その限度で争点及び証拠の整理を行うものである。したがって，あくまでも公判準備として行われるものであり，当該裁判の帰すうを決してしまうような本格的審査を，公判前整理手続において事実の取調べとして行うのは，公判前整理手続の目的を逸脱したものというべきであろう。特に，科学的証拠の信頼性に関する事実は，科学的証拠の信用性や証拠価値といった本来裁判員と裁判官との評議で判断すべき事項と密接不可分であるから，なおさら，それを公判前整理手続で審査し尽くしてしまうのは妥当でない。

　したがって，公判前整理手続において，科学的証拠の信頼性を一から検討し，その信頼性の有無，程度を実質的に判断してしまうような本格的審査は妥当ではないと考えられる。

　この点，関連性の内容として，科学的証拠の基礎となる科学的原理の理論的正確性や当該検査方法の科学的信頼性が積極的に認められることが必要であるという見解からは，それが認められないものは，公判前整理手続において証拠調べ請求を却下すべきであるという考え方が導かれる。しかし，そうするのであれば，公判前整理手続において，科学的証拠の信頼性そのものについて踏み込んだ審査をすることが必要になるが，そのような審査手続は，公判前整理手続では想定されていない。また関連性の内容として，科学的信頼性を積極的に要求しつつ，公判前整理手続では要件判断をしないというのであれば，関連性要件の役割が不明確になり，その内容を厳しくした意味が余りないように思われる。

(2)　関連性の判断基準とその審査手続

　科学的証拠は，検査・判定の基礎となる科学的原理や実用化のための理論・技術を含め，その検査・判定方法が科学的に信頼できるものであることが，その信頼性の基礎となることはいうまでもない。

　ただ，自然的関連性という要件が果たすべき役割を，公判前整理手続において，それがなければ当該証拠請求をその理由のみで却下する役割として考えた場合，科学的信頼性そのものを自然的関連性の要件として積極的に要求するのは妥当でない。前述したように，科学的信頼性を一から検討するような本格的審査は，公判前整理手続では予定していないといえるし，裁判員裁判においても，公判前整理手続や公判審理を通じて，科学的証拠の持つ危険性を回避する具体的方策を採ることは十分に可能と考えられるからである。

　そのようなことを踏まえると，自然的関連性には，公判前整理手続において必要最小限の証明力もないようないわゆるジャンクサイエンス的なものを排除する役割を与えるのが妥当である*57。したがって，科学的証拠に必要な自然的関連性として

---

*57　寺崎・前掲注38）389頁脚注88。

は，検査・判定の基礎となる科学的原理や実用化のための理論・技術を含め，当該検査・判定方法の信頼性に重大な欠陥や大きな疑問があるとはいえないこととして考えるべきであろう[58][59]。

　このようなレベルの信頼性が問題になるのは，検査内容に矛盾や明らかな不合理があると考えられる場合，検査者の能力に重大な疑問がある場合などが典型であろう。また具体的な検査手法・技法が確立されていない検査方法の場合にも，同様のことが問題となろう。このような場合には，後に検討するが，当該検査方法のこれまでの実践状況を示してもらったり，具体的検査方法の科学的根拠や鑑定人の適格性について，主張や疎明資料である程度明らかにしてもらったりする必要がある。場合によっては，明らかな不合理性や重大な疑問の有無という観点から，事実の取調（刑訴規33条3項）としての証人尋問を行うことも考えられる。

(3) 証拠調べの必要性・相当性の判断基準とその審査手続

ア　必要性・相当性の意義

　自然的関連性が肯定されれば，科学的証拠に関する証拠調べ請求を採用してよいということにはならない。さらに，そのような証拠調べをする実質的な必要性が肯定されなければならない。

　この証拠調べの必要性については，従来，裁判官のみが判断者であった関係もあり，専ら事案や争点に関連しない無駄な審理はしないという視点あるいは審理の合理化を図るという視点に重点が置かれており，判断者に混乱や誤解を与えるおそれという視点は薄かったように思われる。しかし，裁判員裁判では，裁判員が混乱や誤解に陥らないようにすることも重要な課題であることを考えると，公判前整理手続において証拠調べ請求の採否を決する際は，判断者の混乱や誤解を防ぐという視点も重要な視点の一つと考えるべきであろう。

　この判断者に混乱や誤解を与えるおそれという視点は，従来は，法律的関連性というやや固い概念で議論されてきたように思われるが，科学的証拠はその証拠価値の程度が様々であり，証拠の積極面と消極面の総合考慮という判断手法が適

---

[58]　三井・前掲注5）254頁，安廣・前掲注38）448頁。

[59]　宇都宮地判平成22年3月26日判時2084号157頁は，捜査段階におけるＭＣＴ１１８ＤＮＡ型鑑定について，①信用できる別の鑑定で，資料のＤＮＡ型と本人のＤＮＡ型は一致しなかったのだから，本件ＤＮＡ型鑑定は，その証拠価値がなくなったことはもとより，証拠能力に関わる具体的な実施方法についても疑問を抱かざるを得ない状況になったこと，②本件ＤＮＡ型鑑定書の電気泳動写真は不鮮明であり，少なくとも通常はやり直すようなバンドであるから，異同識別の判定過程に相当程度の疑問が生じること，③本件鑑定人が解析したとされるネガフィルムは，証拠として提出されておらず，上記疑問を払拭することができないことを理由として，再審公判段階では，証拠能力を認めることはできない，としている。これは，あくまでも事例判断であるが，例えば公判前整理手続段階で，被告人から採取された資料について別のＤＮＡ型鑑定が実施され，そこでは現場由来の資料とは異なる資料のＤＮＡ型が判明しており，他方，捜査段階における当初のＤＮＡ型鑑定の検査結果は不明瞭で異同識別の判断が難しく，その検査の際の基礎データも現場由来の資料も残っていないという状況が容易に判明したのであれば，自然的関連性に関する前述した基準に照らしても，関連性を否定する判断も可能であろう。

当なことから，ここでは，証拠調べの必要性を判断する際の証拠調べに伴う弊害という視点として整理することとしたい[60]。

　そこで，本司法研究では，証拠の積極的な価値の高低に着目したものを「証拠調べの必要性（狭義）」と呼び，証拠調べに伴う弊害に着目し判断者の混乱や誤解を防ぐという観点のものを「証拠調べの相当性」と呼ぶこととしたい。

　そうすると，公判前整理手続では，以下のように，当該裁判における科学的証拠の実質的価値の程度（証拠調べの必要性（狭義））と，当該科学的証拠に関する審理を行うことに伴う弊害の程度（証拠調べの相当性）を考慮して，証拠の採否（証拠調べの必要性（広義））を判断することになる[61]。なお，ここでは，前述した科学的証拠の４分類における視点（第２の４）も有益であろう。

証拠調べの必要性（広義）{
　　証拠調べの必要性（狭義）－証拠の価値に着目
　　証拠調べの相当性　　　　－証拠調べに伴う弊害に着目
}

イ　証拠調べの必要性（広義）の判断枠組み

　証拠調べの必要性（広義）を考える出発点は，狭義の証拠調べの必要性，中でも当該科学的証拠の持つ立証上の価値の高さである。検察官請求の科学的証拠であれば，争点に関する検察官の立証構造において，当該科学的証拠が重要な位置付けを与えられ，狭義の証拠調べの必要性が高い場合には，基本的に証拠調べの

---

[60]　従来，法律的関連性と証拠調べの必要性の概念は別個のものとされ，法律的関連性は，あるかないかの問題として証拠能力の問題であり，証拠調べの必要性は，証拠能力とは異なり審理の対象範囲や証拠の範囲を絞る概念であって，程度のある概念とされてきた。しかしながら，従来，法律的関連性として議論されてきたものは，証拠として許容する必要性と合理性があれば，多くの例外を許容するものであるから，そのような事項について，関連性があるかないかという判断枠組みが適当なのか疑問がある。また，法律的関連性といわれるものが，政策的観点から証拠の許容性を判断する概念であって，証拠の証明力とは関係しないにもかかわらず，本来証拠の証明力を基盤にした概念である「関連性」の一つとして整理することにも疑問が残る。なお，法律的関連性の概念は，もともとはアメリカにおける証拠法上の概念を参考に提唱されたものであるが，そのアメリカでは，用語として正確でなく，混乱を招くといった理由から使用されなくなっている。法律的関連性という概念は，再検討されるべきように思われる。この点につき，酒巻・前掲注33) 70頁，辻脇・前掲注11) 423頁，寺崎・前掲注38) 384頁。

[61]　佐々木一夫「証拠の『関連性』あるいは『許容性』について」原田國男判事退官記念論文集（2010年）183頁。なお，アメリカの連邦証拠規則401条や403条は，本文と同様の観点から，以下のような条文となっており，それに関する議論は参考になる。

連邦証拠規則401条

「関連性のある証拠とは，その証拠が存在することによって，訴訟に関する判断を行うのに重要な事実が存在する蓋然性が増減する性質を有する証拠をいう。」

連邦証拠規則403条

「証拠に関連性があったとしても，その証拠の価値よりも，不公正な偏見，争点の混乱，陪審の誤導を生じさせる危険性，若しくは不当な遅延，時間の浪費，重複証拠の不必要な提出の方を考慮すべき必要性が著しく勝っている場合には，その証拠は排除され得る。」

必要性（広義）は肯定されよう。重要な立証事項であるから必要な審理といえるし，何より当該科学的証拠の信用性や証明力がその訴訟の帰すうを決するわけだから，前述したどの類型に該当するかにもよるが，例えば第4類型や第2類型に該当する科学的証拠であれば，特段の事情がない限り，信用性や証明力について誤解させたりする危険の有無を含め，信用性や証明力に関する審査は，公判で行うべきであり，公判前整理手続においてそのみちを閉ざすのは妥当でないと考えられる。

これに対し，当該科学的証拠の持つ積極的な価値，位置付けが低くなってくると，その反映として，狭義の証拠調べの必要性が低くなってくる。そうすると，証拠調べに伴う弊害に着目した証拠調べの相当性の観点が，採否の判断に影響を与えることが多くなる。そして，当該証拠の立証上の位置付けが低い事案では，無駄な審理をしないという観点のみならず，科学的証拠を理解するために必要な負担や誤解を避けるという観点にもそれなりの位置付けが与えられ，証拠調べの相当性も低くなるから，証拠調べの必要性（広義）が否定される場合が多くなるであろう[62]。

この狭義の証拠調べの必要性を分析，検討する際には，前述の「科学的証拠と証拠構造」で検討した2段階の位置付け，すなわち科学的証拠から直接認定することができる事実（ⅰ）とその事実を取り込み他の証拠から認められる事実をも併せて構成される間接事実（Ⅰ）を区別するという視点が有益である（第4の1(3)参照）[63]。

ウ　証拠調べの相当性

証拠調べの相当性とは，判断者を混乱させたり，誤解させたりする危険といった証拠調べに伴う弊害に着目した証拠調べの必要性（広義）の判断基準である。ここでは，合理的な審理が妨げられることで審理や裁判員が混乱するという意味での弊害と，当該科学的証拠そのものの評価を誤る危険性に分けて検討する。

(ア)　合理的な審理が妨げられることで審理や裁判員が混乱する危険性

科学的証拠は，争点に関する証拠構造上の重要性にかかわらず，その審理，理解に相当量のエネルギーを必要とすることが多い証拠といえる。したがって，科学的証拠によって立証されようとしている事実が，争点判断上意味がないとはいえない程度のものであっても，関係証拠の信用性や証明力評価に関して相当量の審理をしなければならなかったり，あるいは信頼性について難しい評価を迫られたりするような場合がある。

このように審理の必要性（狭義）がないとはいえない科学的証拠に関する証拠調べであっても，その証拠調べをすることで，裁判員の争点全体や証拠全体の理解に混乱を来し，本来の主要な課題を把握しにくくなったり，裁判員の疲

---

*62　角田正紀ほか『裁判員制度の下における大型否認事件の審理の在り方』司法研究報告書第60輯第1号48頁。

*63　一部の学説が指摘する自然的関連性の内実としての「重要性」と「狭義の関連性」の概念（光藤・前掲注34）140頁，上口・前掲注34）346頁）は，参考になる視点である。後記第8の3(1)で検討する。

労感を強めたり，また，エネルギーを費やして議論した微妙な判断が他の争点や証拠の判断に事実上影響を及ぼすといった弊害も想定される。したがって，証拠調べの必要性（狭義）が低い科学的証拠の審理は，その効用が小さい反面，その弊害が大きくなるおそれがある。

科学的証拠に関する審理では，このような弊害を可能な範囲で排除し，要証事実の価値や証拠調べによって明らかになる事実の精度の観点からも，全体として合理的といえる審理にしていくことが必要となる。

(イ) **イメージや思い込みから科学的証拠の評価を誤る危険性**

科学的証拠を刑事裁判において過不足なく理解するためには，その危険性に留意した理性的な対応が求められる。特に，ふだん，科学的証拠と接する機会の乏しい裁判員が科学的証拠の外形のみから一定の好意的なイメージを持ってしまうことはあり得ることである。したがって法律家は，審理や評議を通じて，根拠のないイメージを払拭し，当該科学的証拠に対して理性的に向き合えるよう対処していくことが必要である。

ただ，科学的証拠の内容によっては，このような対処がしやすいものとしにくいものがあろう。特に科学的証拠の名称が，一般生活上話題になることもあり，当該科学的証拠について，必ずしも正確ではない一般的なイメージができているようなものは，相対的にみて，そのような対処がしにくい部類に入るといっていいだろう。前述したアメリカにおける「ＣＳＩエフェクト」に関する議論は，必ずしも正確とはいえない一定のイメージが証拠評価に不当な影響を与えることがあるという文脈で参考になる議論である。このような対処のしにくさは，証拠調べの相当性の判断に関する一事情として考慮される。

エ **審査手続**

証拠調べの必要性の判断は，公判前整理手続で行うこととなる。したがって，公判前整理手続の果たす役割や，そこでの判断が基本的には当事者の主張に基づく予測的判断にならざるを得ないことを十分に意識して，その目的に必要な限度で必要性（広義）について審査することが重要である。

このようなことを考えると，前述したように，公判前整理手続において，科学的証拠の信頼性そのものについて，余り細かなところまで立ち入って審査することは予定されていないから，公判前整理手続では，科学的証拠の立証上の位置付けの明確化とそれに対する反証の位置付けの明確化が，証拠調べの必要性に関する審査の中心となろう（なお，公判前整理手続では，証拠調べ請求の採否の他に，証拠調べをするとしてどのような証拠調べをするのかについても検討する必要があるが，この点は，第10において検討する。）。

(4) **証拠の許容性判断の考え方―ポリグラフ検査を例に―**

ア **はじめに**

ポリグラフ検査は，被検査者に対し一定の質問をし，その際の呼吸波，皮膚コンダクタンス変化，心拍数，基準化脈波容積といった生理反応変化から，質問項目に関する被検査者の認識の有無を判定する検査であるが，捜査段階で年間5000

件程度が実施されている捜査手法である[64]。

　ところで，従来，ポリグラフ検査については，「うそ発見器」といったイメージが強く，また，捜査実務における具体的な方法においても，緊張最高点質問法の他に，批判の強かった対照質問法[65]も併用されており，ポリグラフ検査全般については批判も多かった。

　このような動きを受け，警察庁では，平成15年，16年で，新型のデジタル式ポリグラフ検査装置を導入，整備し，より多くの検査指標について検査することで検査の精度を高めるとともに，平成18年には「ポリグラフ検査取扱要綱」を改正して，対照質問法を用いないこととし，緊張最高点質問法と同様の裁決質問法やその応用である探索質問法によることとした。そしてこの間，神経生理学に基づく理論的研究も進んできている。

　このように近年，警察におけるポリグラフ検査は，理論的にはその科学性を増しており，それは「うそ発見器」のイメージとも異なり，また，テレビ番組で行われるような被検査者の動揺を確認するようなものとは異なったものとなっている。他方で，ポリグラフ検査に関する議論は，従前の技術・技法や運用を前提としたものも少なくなく，必ずしもかみ合ったものとなっていない。実際の裁判においては，検察官から証拠として請求されることもあるし，弁護人から被告人には犯行に関する認識がないことを立証する証拠として請求される例も登場し始めている。

　そこで，ここまで検討してきた証拠の関連性や証拠調べの必要性，相当性という考え方を，現時点におけるポリグラフ検査を例に検討することとする。

イ　意義

　現在，日本の警察で行われているポリグラフ検査[66]は，裁決質問法やその応用の探索質問法という方法である。いずれも緊張最高点質問法と同様の原理に基づくものであるが，裁決質問法とは，同じカテゴリーに属する内容で複数の質問を構成し，一つの質問だけに警察と犯人しか知り得ない具体的事実を含め（裁決質問），他の質問は事件とは無関係な内容（非裁決質問）とし，合計5～6の選択肢を，順次，否認している被検査者に対し質問する方法をいう。例えば，電気コードで被害者を絞殺したという事案であれば，電気コードを含む質問が裁決質問となり，被検査者に対し，

---

[64]　ポリグラフ検査については，田辺泰弘「ポリグラフ検査について」研修732号53頁，同733号69頁，同734号61頁，同735号63頁，廣田昭久「ポリグラフ検査の真実と今」捜査研究687号18頁，三井・前掲注5）157頁，大西一雄「ポリグラフ検査の虚構——生き残りをかけて」季刊刑事弁護20号145頁等参照。

[65]　対照質問法とは，○○町での民家への侵入盗等を例にとれば，「あなたが○○町で民家に侵入して盗みをしましたか。」といった事件と関係する関係質問，「あなたはお酒を飲みますか」といった事件と関係しない無関係質問，「あなたは今まで盗みをしたことがありますか。」といった被検査者が虚偽の返答をすることが高い確度で見込まれる対照質問，「あなたは△△町で工場に侵入し盗みをしましたか」といった検査対象事件と類似した仮装事件に関する仮装犯罪質問で質問項目を構成する質問法である。

[66]　ここでの内容は，田辺・前掲注64）による。

「被害者の首を絞めたのは，ネクタイですか？」
「被害者の首を絞めたのは，ロープですか？」
「被害者の首を絞めたのは，電気コードですか？」
「被害者の首を絞めたのは，ストッキングですか？」
「被害者の首を絞めたのは，ベルトですか？」

などと質問し，返答を求めるものである。通常は，質問の順番を変えて，３回程度繰り返す。

　否認している被検査者は，いずれの質問にも，「知りません。」と答えるであろうが，被検査者が犯人であれば，「電気コードですか？」の質問時に，他の質問時とは異なる生理反応変化が生じる。そして，このような生理反応変化から，電気コードと他のものとは違う意味を有することを知っていると推定でき，よって，特段の事情がない限り，凶器が電気コードであることを知っていると推定できることになり，凶器が電気コードであることは「犯人でなければ知り得ない事実」であるから，被検査者が犯人である疑いがあると判断できる。これに対し，無実の者であれば，凶器が何かは知り得ないから，裁決項目と非裁決項目とを区別すること自体不可能であり，電気コードの質問に対してのみ他と異なる生理反応変化を示すことはあり得ない。無実の者が，犯人と疑われたらどうしようとどんなに動揺し，緊張したとしても，電気コードの質問だけに特異な反応をすることはない。このような理論的根拠に基づいて行われているのが，現在の日本の捜査実務におけるポリグラフ検査である。

　この裁決質問法は，ある質問がなされると，脳の中で質問内容と記憶の照合が行われ，記憶に保存された犯行時の体験と一致（再認）すると，その質問が被検査者にとって有意味な刺激となって生理反応変化が生じるという原理に基づいている。つまり，脳が複数の刺激を受けたとき，特定の刺激に対してのみ他と異なる特別な生理反応を示した場合には，その特定の刺激を他の刺激とは異なるものとして「弁別」しているものと考えられ，ポリグラフ検査は，この「弁別」という原理に基づく検査とされるのである。

　このような原理による場合，ポリグラフ検査とは，従前批判の対象とされていたうその返答をすると心理的動揺が生じ，それが生理反応変化として表れるという情動を基本とする検査ではない。現在の検査法で捉えられる生理反応変化は，「いいえ」という返答をすることから生じるものではなく，被検査者が，ある特定の質問を認識した際に記憶の再認が生じると，その質問が被検査者にとって有意的な刺激となるので，そこから生じた生理反応変化を捉えるのである。

　したがって，現在，警察で行われているポリグラフ検査は，被検査者に対し，複数の質問を発した際に生じる生理的変化をポリグラフ装置で測定・記録し，その結果を分析することによって，被検査者が犯人しか知り得ない具体的事実を認識しているか否かを判定する心理鑑定であり，記憶検査の一種とされているのである。

ウ　（自然的）関連性

　現在行われている裁決質問法を前提にする限り，質問項目によって，生理反応

変化が生じた質問と生じない質問があった場合に，その質問間に被検査者の認識に違いがあると考えることができるという理解は，精神生理学の分野では，了解を得られているものと考えられる。確かに，現時点においても，生理反応の発生機序や脳内メカニズムは解明されておらず，記憶の再認によって自律神経系活動に変化が生じる理論的根拠は，明らかにはなっているとはいえない。しかし，これまで多数の実証的研究によって，それなりの裏付けはされているといえるし，検査の性格上，その再現性に限界はあるものの，質問内容と生理反応変化の記録を事後的に他の専門家が検証することはできる。

したがって，ポリグラフ検査は，その検査・判定方法が科学的に信頼できないことが明らかとはいえないから，具体的な検査方法に重大な欠陥や疑問があるとはいえなければ，通常は，公判前整理手続段階において，その（自然的）関連性の観点から証拠請求を却下する要件には，当てはまらないと考えられる[67]。

エ 証拠調べの必要性，相当性

ポリグラフ検査は，認識の有無をみる資料として意味を持つが，その認識そのものが，争点に関する間接事実レベルの積極的事情になる場合もあれば，捜査段階の自白の裏付けとしての補助事実として意味を持つこともある。例えば犯人性が争点の場合に，ポリグラフ検査結果が正しく行われ，その検査結果の評価として，被告人は犯人しか知らない事実を知っている蓋然性が高いといったことが推認できるとなると，間接事実のレベルでも，捜査段階の自白の裏付けとしても，その証拠価値は決して低いものではない。

ところで，ポリグラフ検査において神経生理学的な裏付けがされている部分は，質問項目によって，生理反応変化が生じた質問と生じない質問があった場合に，その質問間に被検査者の認識に違いがあると考えることができるという部分である。他方，その認識の違いが，「被告人が犯人でないと知らない事実を知っているから」生じていると評価している部分は，神経生理学的な根拠に基づくもので

---

[67] アメリカでは，判例上，ポリグラフ検査の許容性は否定されているが，そこでのポリグラフ検査の手法は，対照質問法によるポリグラフ検査である（田辺・前掲注64）「ポリグラフ検査について」研修732号61頁）。また，ドイツでは，ポリグラフ検査の許容性は，弁護人から被告人が無罪であることを証明するために被告人にポリグラフ検査を受けさせることを求めるという形で問題となっている。従前，ドイツの判例は，ポリグラフ検査は，人間の尊厳を侵害するものとして基本法１条１項等によって許容されないとして否定説であったが，1997年10月15日の連邦憲法裁判所決定は，検査技術の進歩等を考慮して，従前の判断が維持され得るかは未決定のままにするとした。そして，1998年12月17日のＢＧＨ第１刑事部判決は，被疑者・被告人が同意したポリグラフ検査は，基本法に反するものではなく，刑訴法136条ａによって禁止されたものではないこと，対照質問法は，その専門領域において正当で信頼できると評価された方法でなく不適切な方法であるので，対照質問法には何らの証拠価値も付与されないこと，緊張最高点質問法は，答えとして提案される犯行の詳細が検査の実施前に被疑者・被告人に知られていないことを前提とするから，被疑者・被告人が既にその嫌疑やそれに関する捜査結果を知っている場合には全く不適切であり，公判審理の時点でなされる鑑定請求は認められないといった判断を示している（山名京子「ポリグラフ検査—ドイツにおける最近の判例を中心に—」井戸田先生古稀祝賀論文集『転換期の刑事法学』153頁）。

はなく，ある特定の事件を念頭に，例えば「被害者の首を絞めたのは○○ですか。」という質問に対する反応だからという経験的判断に基づく推認にすぎない。つまり，その記憶がどのような理由により形成されたかは，ポリグラフ検査を支える神経生理学が明らかにしているのではないのである。したがって，現に，質問項目の内容を事前に被検査者が知っている場合には，その知識からも同様の反応が生じ得るからこの検査は成立しないとされ，その点を担保するため検査前後に質問項目について被検査者に認識の有無を確認する運用がなされているという[68]。

　しかし，そのような運用のみで，上記評価や推認の正しさが担保されているといえるかについては，疑問の余地がある。そのような運用で十分であることは必ずしも科学的に証明されたものではないのである。

　このように脳が一定の情報を弁別した場合にその生理反応変化を検出するところまでは科学的であっても，記憶形成過程自体は科学がその正しさを担保しているものではないという点は，十分に意識する必要がある。その意味では，現行のポリグラフ検査は，前述した第1類型に該当する側面もあるのである。ポリグラフ検査の評価においては，犯人であること以外の事情から当該事実を弁別している可能性がどの程度あるかが問題になるが，その点の評価，検討は，困難あるいは微妙な側面があり，後述するポリグラフ検査に伴うイメージをも考えると，裁判員裁判において，理論的なあるいは精度の高い検討がなし得るか疑問が残る。

　前記のとおり，ポリグラフ検査とその評価の精度が高いものであれば，ポリグラフ検査結果の証拠価値は本来決して低くないはずだが，実際の実務では，捜査段階で反応が出ているとしても公判で証拠として請求されていない場合がほとんどであり，また，仮に証拠として請求されている場合であっても，証拠調べの必要性（狭義）は，補助的な位置付けにとどまっているのが通常である。逆に，このことは，ポリグラフ検査結果の限界が意識されているからであろう。

　ポリグラフ検査が一般に「うそ発見器」といわれ，社会において一定のイメージが根付いてしまっている点も，裁判員裁判では無視できないように思われ，アメリカにおける「CSIエフェクト」の議論は，真実そのような「エフェクト」があるかどうかはともかく，そのような心理の危険性を浮かび上がらせているといえる。このことは，捜査段階において被告人がポリグラフ検査を拒否した事案において，検察官から，被告人がポリグラフ検査を拒否したことが被告人の犯人性を推認させる事情として論告において主張されている事案が少なからず見受けられることを考えると，過小評価できない弊害であると考えられる。

　脳内のメカニズムは，まだまだ未知の領域が多い。生理的反応から認識という人間の心の動きを読み取る技法は，その検査対象が人間の心理である点で，物証を対象とした他の科学的証拠の持つ客観性とは一線を画するところがある。従来の実務が，ポリグラフ検査について，刑事裁判における証拠としての適性という観点から，公判における事実認定の中心的証拠とすることに慎重な姿勢を示してきたことは，実務の知恵として肯定されてよい。

---

*68　田辺・前掲注64）「ポリグラフ検査について」研修732号59頁。

以上によれば，裁決質問法を中心とした捜査実務で行われているポリグラフ検査は，捜査段階で被疑者を絞り込む手法としてはともかく，裁判員裁判での証拠としての許容性については，証拠調べの必要性（狭義）や相当性の観点から，基本的に消極的評価が妥当するように思われる。

第6　科学的証拠に関する証拠開示

1　意義

　法律家が科学的証拠の信頼性を検討する場合，法律家は，科学的分析に基づいた専門家の意見の信頼性を検討することになる。したがって，そのような検討をするために必要なデータが法律家の手元になければならない。そして当事者対立構造を採り，科学捜査の結果としての科学的証拠が検察官から請求されることが通常であることを考えると，科学的証拠に対する適正な評価を担保するためには，弁護人が専門家の意見を検討できるだけの情報を有していることが重要になる。そのような情報がなければ，弁護人が例えば他の専門家に相談しようにも，有益な意見を聴くことはできない。争いのある（あるいは争うかどうかを決めかねる）事実に関する科学的証拠について，その信頼性は，被告人に確認して検討できる性格の事柄ではないから，科学的証拠に関する弁護人への証拠開示は，科学的証拠に対する適正な評価を担保する出発点といえる。

　さらに，「科学的であること」にとって「再現可能性」が本質的な要素であることを考えると，当該科学的証拠に関するデータが弁護人に開示されれば，仮に，証拠資料自体が費消されている場合であっても，弁護人側がデータ上で科学的な分析過程を検証し，再現可能性の有無を確認することが可能となる。

　このように科学的証拠に関するデータが弁護人に開示されることは，科学的証拠の信頼性を検証する上で極めて重要なものといえる。そして，このような証拠開示の重要性に鑑みると，弁護人から開示請求がされたにもかかわらず，開示されるべき証拠が開示されなかったことから，科学的証拠の信頼性について弁護人が十分に検証する機会を与えられなかった場合には，弁護人が被告人に確認して検討する方法をとることができない科学的証拠について，公判において科学的証拠の再現可能性に関する疑問が十分に解消されなかったという意味において，その事情を科学的証拠の信頼性を低下させる事情として考慮することは可能といえよう。

2　再現可能性の検討可能なデータの開示の重要性

(1)　開示されるべき情報の内容

　科学的証拠の科学性を支える重要な要素が再現可能性にあり，弁護人への証拠開示が科学的証拠に対する適正な評価を担保する役割を果たす以上，弁護人には，鑑定経過を含め，科学的証拠に関する再現可能性の検討が可能な程度のデータが開示されるべきである。

　具体的には，鑑定経過，鑑定方法，鑑定結果に関する具体的な情報が重要と考えられる。

　機器分析による科学的証拠の場合，試料から得られたデータをパソコン等で収集，分析し，それを検討した結果が簡潔な形で鑑定書等に記載されることが多い。ここ

でその鑑定結果を検討する上で重要になるのは，そのデータであるから，そのようなデータが弁護人に開示される必要がある。機器分析であればスペクトルや回折パターンといったもの，現在行われているＳＴＲ型によるＤＮＡ型鑑定であればエレクトロフェログラムといったものがそれに該当する。

鑑定方法としては，前処理から検査までの一連の処理に関する具体的な方法，使用機器，使用した試薬等に関する情報が重要となる。特に，当該事案限りで工夫された前処理がなされたような場合は，前処理に関する情報も具体的である必要がある。また，検査の信頼性確保のため，本検査に先立ち予備試験がされている場合には，予備試験に関するデータも開示される必要がある。予備試験としては，ブランク試料（試料と同等で分析対象を含まないもの）を用いてブランク試験をすることでコンタミネーション（汚染）がないことを確認する陰性試験や，あらかじめ成分や量が判明している試料を対照試料として検査して，そのとおりの反応が出るかを確認する陽性試験が典型的である。科警研，科捜研でのＤＮＡ型鑑定では，信頼性確保の観点から，原則として本検査を２回行っているから[69]，そのような場合には，その検査ごとのデータが開示される必要がある。

鑑定経過としては，コンタミネーションの疑いの有無を検討する関係もあるので，資料の受入れから保管，返却までの日時や状況が分かるものが必要となる。

また，通常，様々な資料が現場等から採取されることを考えると，公判において証拠請求されてはいないが，捜査段階において鑑定がなされている資料は，あり得る。このような資料の鑑定に関する証拠開示も，類型証拠開示（刑訴法316条の15）となるか主張関連証拠開示（刑訴法316条の20）となるかはともかく，最終的には弁護人に対し開示されるべきであろう。

なお，いまだ確立しているとはいえない科学的証拠の場合（第３類型や第４類型のア）には，その信頼性を検討する上で，別の実例あるいは検査例全体の状況に関する情報が開示されることが必要となることもあろう。

(2) 開示されるべき情報の保存，管理の重要性

このようなデータや情報は，鑑定機関においてそのデータ等が保存されていなければ開示できないから，その保存，管理が重要となる。

ＤＮＡ型鑑定に関しては，警察庁では，平成22年10月21日警察庁刑事局長通達「ＤＮＡ型鑑定の運用に関する指針」の６項において，「鑑定書その他鑑定結果又はその経過等が記載されている書類については，刑訴法等の定めに従い適切に取り扱うとともに，将来の公判等に備えて適切に保管しなければならない」と定め，同日付警察庁刑事局犯罪鑑識官・同刑事企画課長通達「ＤＮＡ型鑑定の運用に関する指針の運用上の留意事項等について（通達）」は，指針６の「その経過等が記載された書類」とは，「鑑定に用いた検査方法やその経過の記録（ワークシート等），鑑定結果に関わる各種分析データ等を意味するものである。これらは鑑定の客観性・信用性を担保するものであり，鑑定内容の確認や精査等が必要となる場合に備え，適切に保管しておくこと。」と定めており，各都道府県警本部の科捜研ごとに，そのよ

---

[69]　研究員のインタビュー結果による。

うな書類の作成，保管に努めているようである[70]。今後，他の科学的証拠について
も，同様の運用が拡充されていくことが望まれる。

3　証拠開示の手続

　刑事訴訟法が定める証拠開示の範囲について，現在の判例を前提にすれば，開示の
対象となる証拠は，必ずしも検察官が現に保管している証拠に限られず，当該事件の
捜査の過程で作成され，又は入手した書面等であって，公務員が職務上現に保管し，
かつ，検察官において入手が容易なものは含まれると解されている[71]。この見解に
よれば，科警研や科捜研の技術職員が検査を行った場合には，少なくともＤＮＡ型鑑定
に関しては，前述のとおり警察庁の通達でその基礎データを含め記録の保管が定めら
れているのであるから，法律上の証拠開示の対象になる。ＤＮＡ型鑑定以外の科学的
証拠についても，それに準じて扱われてよいであろう。

　他方，大学や民間の研究機関の研究者が検査を行った場合，捜査機関が入手してい
ないデータ，資料については，直ちには法律上の証拠開示の対象にはならないであろ
う。しかし，当該検査の信用性を検討する観点からは，捜査機関，とりわけ公判を維
持し，当該科学的証の信用性を立証しようとする検察官は，それを入手して検討する
ことが必要な資料といえるし，弁護人にとっての証拠開示の重要性に鑑みれば，検察
官は，速やかに当該機関から，当該鑑定に関する全てのデータを入手し，それを弁護
人に開示すべきである。

　また，公判に証拠請求されていない資料に関する鑑定に関する情報も，類型証拠開
示（刑訴法316条15）に該当しないものであれば，弁護人に一定の予定主張の明示を
求めた上で証拠開示するか，任意に開示されることになろう。

　証拠開示の場面では，実質的な必要性があれば，任意開示を含め，柔軟かつ早期の
証拠開示が望まれる。

第7　起訴後の鑑定
1　起訴後の鑑定の意義―再検査と再評価―

　捜査段階において証拠物について捜査機関による鑑定がなされている場合，その鑑
定書の信用性が争点になると，鑑定書が同意されずに鑑定従事者の証人尋問が行われ
るだけでなく，弁護人から鑑定請求がなされることが少なくない。裁判員裁判の場合
は，公判前整理手続において鑑定請求の採否を決定し，採用した場合には鑑定手続実
施決定をし，公判前整理手続段階で鑑定をすることになろう（裁判員法50条１項）。

---

[70]　例えば，大阪府警察本部の科捜研では，所定の用紙に，鑑定嘱託から鑑定書作成までの各日付や資
　　料返却までの保管状況，資料の現状写真，鑑定の各段階で使用したチューブ・試薬・機材の種類，Ｄ
　　ＮＡ精製の日付・方法・精製量，ＤＮＡ定量の日付・方法・濃度，精製ＤＮＡ使用状況に関して精製
　　ＤＮＡ量（濃縮の有無）・ＤＮＡ使用量・残ＤＮＡ量・残ＤＮＡの措置，ＤＮＡ型判定に関し１回目，
　　２回目それぞれのＰＣＲ増幅と電気泳動の量，最終ＤＮＡ型判定結果等を記載し，またその用紙にエ
　　レクトロフェログラムを添付する運用を行っているとのことである（研究員のインタビュー結果によ
　　る。）。

[71]　最決平成19年12月25日刑集61巻９号895頁，最決平成20年６月25日刑集62巻６号1886頁，最決平成
　　20年９月30日刑集62巻８号2753頁。

裁判員裁判以外の刑事裁判では，公判前整理手続において鑑定実施決定をすることができないので，第1回公判期日以降に鑑定を行うこととなる。

このように捜査段階において鑑定された証拠物について，公判段階で再び鑑定することを一般に再鑑定と呼んでいる。しかし，同一の証拠物とはいえ，検査試料を採取する箇所が異なれば，検査試料としては異なるから，厳密な意味での「再」鑑定ではなく，むしろ新規の鑑定といえるものである。特に，犯行現場等から収集された証拠物の場合，均一に分析対象とされた物質が証拠物に付着しているとは限らず，鑑定ごとに資料の状況や分析対象としたい物質の付着状況は異なり得るから，検査用の試料の採取箇所が異なれば，実質的にも新規の鑑定である。

以上は，鑑定資料について検査することを前提にしたものであるが，そのような検査をせずに，あるいはできない場合，捜査段階の鑑定結果について，鑑定に関する基礎データを資料として，専門家の立場から評価し直してもらう方法もある。当該証拠が科学的といえるための本質がその再現可能性にある以上，この再評価の方法によっても，当該科学的証拠の信頼性を検証することは十分に可能と考えられる。

このように考えると，再鑑定といっても，①別の専門家に検査そのものからやり直してもらう方法（再検査），②別の専門家に捜査段階の鑑定の信用性について，そのデータを資料として意見を述べてもらう方法（再評価）があることになる。

2　起訴後の鑑定（再検査・再評価）の必要性

⑴　基本的考え方

ア　採否の判断基準とそのアプローチ

従来，弁護人が，捜査段階で鑑定された証拠物について鑑定請求すると，裁判所は，それまでの審理を踏まえた捜査段階の鑑定の信用性や証拠価値の程度などに関する暫定的な心証に加えて，事案や争点の重大性のほか，鑑定に要する時間等訴訟経済上の観点も考慮して証拠調べの必要性を考え，その採否を判断してきた。裁判所は，鑑定の必要性に関し，それまでの証拠調べの結果も判断資料とできるなど，より多くの判断材料があった方がより的確な必要性判断ができることから，弁護人請求の場合，捜査段階の鑑定書に関する検察官立証を先行し，その後，訴訟の後半で鑑定請求の採否を決することが多かった。その際，裁判所は，鑑定の請求者にその必要性について詳しく釈明を求め，十分その必要性を吟味した上で採否を判断してきたように思われる。

刑事裁判における科学的証拠の果たす本質的役割が，裁判員裁判とそうでない裁判とで異なるわけではないから，採否の判断基準が従前の裁判官裁判と大きく異なることにはならないであろう。ただ，科学的証拠といっても様々なものがあり，また採否の判断時期が公判が始まる前の公判前整理手続の段階であることや，裁判の観点から科学的情報を扱うのが初めての裁判員が科学的証拠の信用性や証拠価値を判断することを考えると，公判前整理手続を前提とする裁判員裁判では，幾つか留意すべき事柄があるように思われる。

まず，公判前整理手続において，科学的証拠の請求者側は，当該科学的証拠が当該裁判でどの程度重要な役割を果たすのかを明らかにする必要がある。具体的には，科学的証拠が関係する争点の位置付けやその争点判断における科学的証拠

の位置付けの概要が明らかにされる必要がある。

　次いで，当該科学的証拠の内容を争い，起訴後の鑑定を請求する側は，どのような内容に関して，どのような理由に基づいて争うかの概要を示し，起訴後の鑑定の必要性を主張する必要がある。裁判員裁判の場合，裁判員が専門的知見の信頼性について判断できるようにするためにはどうしたらよいかという観点から，捜査段階の鑑定従事者の証人尋問で足りるのか，更に起訴後の鑑定をする必要があるかを判断することが必要となるから，そこでは，弁護人が提示した問題について，裁判員と裁判官が評議し結論を出す上で，捜査段階の鑑定従事者以外の専門家の意見を徴することが必要，有益かという観点から意見が述べられる必要がある。特に前述した第4類型イのように具体的な検査方法として確立した科学的証拠の場合，分析手法として再現可能性があることは一般的に確認されているし，検査方法も具体的なプロトコルとして確立しているわけであるから，そのプロトコルに従った分析であれば，資料の状態に問題がなければ，同じことを繰り返しても同じ結論となる蓋然性が非常に高いということを意識する必要があろう。また，単に科学的証拠の結論が不満であるというだけでは，起訴後の鑑定の有効性，有益性が不明確な請求といわざるを得ないし，鑑定従事者に対する反対尋問すら有益にはなされないであろう。

　ただ，公判前整理手続における鑑定請求の採否の判断は，従前の公判審理をしながら暫定的に形成した心証をも踏まえて行ってきた判断と異なり，証拠調べが始まる前の段階での予測的な判断であるから，ある程度の蓋然性をもとに判断しなければならない。弁護人としても，科学的証拠に関して再現可能性を検討可能な程度の情報が事前に開示され，それなりの検討はできるとはいえ，独自の手持ち情報は多くないだろうし，起訴後の鑑定の必要性についても見込み的な主張にとどまらざるを得ない点を考慮する必要がある。ここで鑑定の必要性に関し詳細な主張を弁護人に求めると，その主張準備のために時間がかかってしまって裁判員裁判の公判審理が遅延していくことになるし，見込み的な主張なので，詳細な主張といっても，そもそも限界もある。また，検査結果の精度や確実性を高めるための検査方法や検査結果の評価方法が研究途上，発展途上である場合，信用性を争う当事者側からは，そのような疑問が示されるであろうし，非専門家である裁判所としても，特に重要な位置付けをされた科学的証拠であれば，当該検査担当者の説明だけで，検査方法の精度や確実性を検討し，検査結果の確実性について適切な評価をすることに困難や躊躇を感じる場合もあるであろう。このような場合には，例えば，検査結果について別の専門家に再評価をしてもらう，検査資料が残っている場合には，同一方法あるいは別の方法で再検査してもらうといった方法を採ることが，裁判所が，科学的証拠の信頼性について，公判で積極的かつ実質的にチェックし，当該科学的知見によって解明される事実の確実性を考える上で，有効，有益となることがあるといえるであろう。そして，そのような場合は，裁判員に対して科学的証拠について判断しやすい情報を提供するという意味でも，このような起訴後の鑑定が有効，有益となり得るものと考えられる。

　以上によれば，一方で事案の重大性や争点の重要性，その中で科学的証拠の果

たす役割を検討し，他方で科学的証拠の信頼性を争う側が主張する鑑定を必要とする事情を検討し，改めて鑑定をすることの有効性，有益性という観点から，予測的判断として起訴後の鑑定請求の採否を決することになる。

例えば，裁判員裁判対象事件を前提にすれば，検察官の立証において，科学的証拠が，それなりに重要な争点に関し，それなりに重みのある位置付けを与えられており，弁護人から，科学的証拠についての問題点あるいは起訴後の鑑定を行えば別の結論となる可能性についてある程度具体的な指摘がされ，その点について裁判員，裁判官が評議，判断する上で，捜査段階の鑑定従事者以外の専門家の意見を徴しておくことが有益であろうと予測的に考えられる場合には，起訴後の鑑定請求を採用する方向になることが多いであろう。

以上の検討により，起訴後の鑑定請求を採用する方向で考えた場合には，どのような資料，方法を用いて鑑定をすればよいかは，しっかりと検討する必要がある。適切な方法による鑑定でないと，鑑定の意義は半減してしまうし，特にその鑑定で資料を使い切ってしまう可能性がある場合には，最後の科学的分析となる可能性があるからである。また，起訴後の鑑定については，時間的，費用的コストが生じることも意識すべきであり，そのようなコストが，事案の重大性，争点や鑑定の重要性に鑑み，それなりに合理性のある範囲になるように留意する必要もある。弁護人からの起訴後の鑑定の必要性に関する主張は，鑑定の方法，つまり選ばれた鑑定人が鑑定方法を選択する際や再鑑定における留意点を考える上で参考になるから，この観点からも，可能な限り具体的な主張を求めるべきであろう。

イ　争点整理としての再検査・再評価

公判前整理手続における再検査・再評価は，争点整理のためのものでもある。したがって，当事者は，次に検討するとおり，捜査段階の鑑定結果と起訴後の再検査・再評価の結果を総合考慮して，従前の主張を更に具体化，明確化したり，あるいは主張を撤回，縮小したりして，公判で審理すべき争点を明確にする責務があるといえる。

(2)　複数の鑑定結果の持つ意味

起訴後の鑑定が実施され，複数の鑑定が行われた場合，鑑定結果の評価に際してはその意義と限界の双方を意識することが必要である。

ア　同じ結論の場合

別の鑑定人が実施した複数の鑑定で，同じ結論が導かれている場合，その理由が相矛盾するなど特段の事情がある場合を除いて，通常は，当該証拠物の分析から得られた当該複数の鑑定の信頼性はいずれも高いといえるであろう。したがって，当事者は，公判前整理手続段階において，起訴後の鑑定でも同一の結論が出たことを前提に主張の再構成を検討すべきである。

イ　異なる結論の場合

当該証拠物から採取した資料について捜査段階の鑑定である特定の反応が出たが，起訴後の鑑定（再検査）ではその特定の反応が出なかった場合，あるいは異なる反応が出た場合の評価は，難しい面がある。この場合，実質的には新規の鑑

定という側面が強く，鑑定条件が異なることから，どちらかの鑑定が間違っているとは必ずしも言い切れないからである。この場合，次のような評価のパターンが考えられる。まず(a)再検査の結果から，捜査段階の鑑定の信頼性が減殺されると評価できる場合がある。次に，(b)少なくとも反応が出たものについてはそれぞれに有意的なものとして評価ができる場合がある。そして，(c)再検査の結果は，鑑定資料の条件（量や状態等）の悪さが原因であるから，再検査の結果は捜査段階の鑑定結果に影響しないと評価される場合がある。さらに，(d)同一証拠物から相異なる結果が出た以上，全体として証拠としての価値が高くない，あるいは精度が高いとはいえないと評価できる場合等が考えられる。

　したがって，再検査において捜査段階の鑑定と異なる結果が出た場合には，このような様々な解釈が考えられるから，鑑定人には，どのような解釈が当該ケースで合理的と考えられるかといった点についても意見を述べてもらうことが必要となるし，検察官や弁護人は，その点に関する鑑定人の意見も踏まえつつ，相異なる鑑定結果が出たことに関して，主張や立証の在り方を考える必要がある。

(3)　微量資料に関する起訴後の鑑定の留意点

　現場等から採取された資料を念頭に置くと，再検査時点での資料は，量や質において必ずしも十分とはいえない場合がある。そのような場合，資料の状態や量の限界を余り意識せずに再検査をしてしまうと，適切な検査結果が出ず，再検査は不奏功となることもある。また，再度の検査を行うことは，当該資料が人の手に触れることになるから，何らかのコンタミネーションが生じる危険性もあり，慎重な対応が必要になることもある。

　微量資料に関する再検査のこのような難しさを考えると，微量資料についての再検査の採否を考える場合は，資料がどのような状態にあり，どのような検査方法であれば，有意的な検査結果が得られるかについて慎重に検討することが重要になってくる。そして，このこと自体専門家の意見を聞くことが有益といえ，場合によっては，当該証拠物の状態がどのような状態で，どのような鑑定方法であれば，それを分析することができるかを鑑定事項として鑑定を実施することも考えられる[*72]。

　捜査段階の検査結果に対する再評価であれば，以上のような問題性はかなり回避することができる。そのようなことを考えると，資料が極めて微量あるいはその状態が良くない場合には，まず起訴後の鑑定として，専門家による再評価を実施し，その際，再検査の可能性についても検討を依頼し，その結果を受けてから，再検査の是非について検討するというアプローチがあってもよい。再検査をする場合には，引き続き，再評価人に再検査を依頼することも十分にあり得るであろう。

(4)　再検査を意識した資料の一部による鑑定と残部の適切な保管の重要性

　近時，捜査機関や科学的証拠を扱う学会から，再検査を考慮して資料の一部を残

[*72]　この鑑定は，いわゆるインテーク鑑定の一種であり，裁判所が，当事者からの鑑定請求に対し適切に判断するために事実の取調として行う鑑定である（刑訴法43条3項，刑訴規33条3項）。精神鑑定におけるインテーク鑑定について，小坂敏幸「いわゆる『インテーク鑑定』について」植村立郎判事退官記念論文集「現代刑事法の諸問題」第3巻421頁。

して検査すること及び残余資料の保管に配慮がなされるべきことが指摘されている。

　例えば，犯罪捜査規範186条は，「再鑑識のための考慮」として「血液，精液，だ液，臓器，毛髪，薬品，爆発物等の鑑識に当たっては，なるべくその全部を用いることなく一部をもって行い，残部は保存しておく等再鑑識のための考慮を払わなければならない。」と定めており，近年では，このようにして鑑定資料の一部が残余資料として残っている場合には，それを適切に保管し，資料の状態が変化しないよう捜査機関側において配慮がなされている[73]。ＤＮＡ型鑑定に関する資料の取扱いについては，第2章を参照されたい。

3　起訴後の鑑定が不能な場合と証拠法上の効果

　捜査段階の鑑定で資料を全量費消し，起訴後の再鑑定ができなくなった場合，捜査段階の全量費消は，捜査段階の鑑定書の証拠法上の取扱いにどのように影響するのであろうか。

⑴　全量費消を理由として捜査段階の鑑定書の証拠能力を否定する見解

　捜査段階の全量費消を理由として捜査段階の鑑定書の証拠能力を否定する見解は，起訴後の再検査を行っていれば，被告人に有利な証拠が得られた可能性があるにもかかわらず，それを捜査機関が奪ってしまった以上，その均衡として，証拠物に関する被告人に不利益な証拠の証拠能力は否定すべきであると考えるものであろう[74]。

　しかし，まず，捜査段階の鑑定書の証拠としての価値は，実質的に信頼できるかという観点から判断されるべきであり，全量費消によって再検査できなくなったことが，捜査段階の鑑定書の信頼性の低下に直ちに結びつくものではない。そして，科学的といえる本質的要素としての「再現可能性」は，現実に再現できることではなく，その時点での科学的知見を踏まえて，同じことを繰り返せば同じ結論が出る

---

*73　証拠物件一般に関し，「証拠物件の合理的かつ適正な取扱いについて」と題する平成22年9月27日付警察庁刑事局刑事企画課長等通達では，変質のおそれのある証拠物件（鑑定資料）の適正な取扱いに関し，「腐敗等の変質のおそれのある証拠物件のうち，鑑定の必要があるものについては，捜査部門，鑑識部門及び科学捜査研究所とが密接に連携して早期に鑑定を行うこと。また，当該証拠物件の保管に当たっては，鑑定の有無にかかわらず，冷凍し又は乾燥させるなど適切な方法により，その変質を防止し，証拠価値を保全するよう配慮すること。さらに，当該証拠物件の取扱いに当たっては，特に汚染防止及び同一性の確保に配慮すること。なお，長期間保管を継続する中で変質のおそれのある証拠物件については，必要に応じ，あらかじめ写真撮影等により，当該証拠物件の状況を明らかにしておくこと。」とされている。

*74　佐藤博史「ＤＮＡ鑑定の証拠能力・証明力」『新実例刑訴法Ⅲ』184頁など。なお，三井・前掲注5）257頁は，「技術的な面で検査のため全量費消が不可避の場合があるかは必ずしも明らかではないが，少なくとも『望ましい』レベルではなく『極力残すべきであり』，また再鑑定を阻む『作為』がある場合はもとより，積極的な資料保存の配慮が欠けた場合には，鑑定の証拠能力は否定されると考えるべきであろう。」とし，起訴後の鑑定不能から直接的に捜査段階の鑑定の証拠能力を否定するものではないが，両者を強く結びつける見解を主張する。しかし，「積極的な資料保存の配慮に欠ける」と捜査段階の鑑定の証拠能力が否定される理論的根拠は，必ずしも明らかではない。

だろうと確信を得られることなのだから，全量費消により再検査できないことは，捜査段階の鑑定書の証拠能力を否定することに本質的につながるものではない。

上記否定説の実質的根拠は，証拠物について捜査期間中は捜査機関だけが独占的に検査でき，その結果，弁護人側が起訴後検査できなくなるという事態を受け入れざるを得ないのは不公平であるということであろう。

しかしながら，捜査期間中に証拠物について捜査機関が第1次的に検査できることは刑訴法が認めていることであり，そのこと自体不当とも考えにくい。捜査段階における鑑定の時点では被疑者が特定できていないことも多いし，捜査の密行性の要請もあるからである[75]。捜査段階の鑑定書の信用性については，鑑定の過程や判定方法を含めて十分な証拠開示がなされれば，再評価の方法で検証することは可能であって，再検査だけが捜査段階の鑑定を積極的に検証する唯一の方法ではない。また証拠能力否定説によれば，鑑定に供した証拠物について，全量費消することが認められなくなるが，信頼性ある鑑定をするために鑑定資料を全量費消することが必要な場合は少なからずあるし，そのような場合にまで全量費消するような鑑定は捜査機関には認められないという理屈はあり得ない。また，公訴時効の撤廃，長期化と科学技術の進歩を考えると，再検査を行う可能性は，理論上は永遠になくならないから，どこまでも全量費消してはならず，またどこまでも資料の一部を保存し続けなければならないことになるが，この結論に現実性・妥当性を肯定し難いことは明らかであろう。

このようなことを考えると，起訴後の再検査不能と捜査段階の鑑定の証拠能力を直接的に結び付けて考えることは，理論上も実際上も妥当でないことになる[76]。

(2) 起訴後の鑑定不能等から捜査段階の鑑定の証拠能力が否定される場合

以上の検討を踏まえると，起訴後の再検査不能が捜査段階の鑑定書の証拠能力に影響するのは，証拠禁止の観点から考えるほかないから，起訴後の再検査不能を理由として捜査段階の鑑定書の証拠能力が否定されるのは，起訴後の再検査が不能になった経緯等から，捜査機関が弁護人の当該証拠物に関する防御権を積極的に侵害したといえる場合に限られるであろう。このような考え方は，一連の判例が認める違法収集証拠排除法則や刑訴法321条1項2号書面の証拠能力に関する最判平成7年6月20日刑集49巻6号741頁の法理から肯定できる。捜査機関が弁護人の当該証拠物に関する防御権を積極的に侵害したといえるかは，捜査機関が必要もないのに証拠物を殊更廃棄したといった起訴後の鑑定不能に至る経緯のほか，捜査段階の鑑定に関する証拠開示の状況（開示すべきデータが合理的根拠なく保存されていない等）等も考慮して判断されることになろう[77]。

なお，上記のように証拠能力が否定される場合を限定的に考える見解であっても，

---

*75　徳永光「鑑定試料の保存に関する一考察」甲南法学45巻1・2号257頁は，この点を疑問とし，当事者双方にとって重要な検査資料は，捜査機関にも，被告人側にも利用の機会が与えられるべきとする。

*76　後藤・前掲注43）180頁，長沼・前掲注5）98頁。

*77　徳永・前掲注75）236頁は，検査に必要な全量費消と意図的な全量費消の間には，様々な段階があり得ることを指摘し，何らかの説明が必要であるとする。

例えば，起訴後の再検査ができないことから，捜査段階の鑑定に別の事情から生じた疑問が解消されず，加えて，起訴後の再検査ができるような資料状態ではなかったことが勘案されて，当該鑑定結果の信用性が更に低下することは，あり得ることである。

第8　科学的証拠の信頼性の判断

1　信頼性判断の観点から有益な問題意識

　ここでは，科学的証拠の実質的な信頼性に関する審理や判断の在り方を考える上で有益になるであろう問題意識等について検討する。アメリカにおける科学的証拠の許容性に関する議論が，ここでは参考になる。

⑴　出発点となる指標—科学的に確立したものか否か

　科学的証拠の信頼性を支えるのは，その基礎となる科学的理論の正確性であり，具体的検査方法の確実さである。したがって，個々の科学的証拠の信頼性を考える上で，当該科学的証拠が科学的な理論において正しいものとしてその領域で受け入れられているか否か，具体的な検査方法が確実なものとして確立しているか否かは，最初の重要な指標となる。

　具体的な検査方法を含めて既に科学的に確立しているものであれば，コンタミネーション等の問題を除けば，科学的証拠の信頼性に関する審理のポイントは，かなり明快なものになるはずである。他方，具体的な検査方法を含めいまだ確立しているとまではいえない場合には，審理が必要となる争点の幅や量が広がる可能性がある。起訴後の再鑑定についても，その両者で基本的なスタンスも異なってくる。

　このように当該検査方法が確実なものとして確立しているか否かは，最初の重要な指標であるが，その点も争いになれば，最終的には専門家の意見によるところが大きくなってこよう。

⑵　理論値と実践値のズレに関する問題意識

　科学的証拠としての検査結果の正当性を支える理論は，「一定の条件が整っていれば，当該分析結果は理論的に正当と考えてよいところ，本件においては，この一定の条件が満たされているから，この結論は正当なものとして承認してよい。」というものであろう。したがって，理論的には正当とされる検査方法であっても，前提となる条件がどの程度整っていたかによって，検査結果の精度，信頼性は異なってくる。しかし，個々の事案において，この「一定の条件」が整っているかは，素人からは見えにくい部分である。

　また，科学的分析に使用されるツール，例えば，機器や検査薬も，それぞれ分野や使われ方によって，得意・不得意といったものがある。さらには機器の感度や精度などの性能は，分析に従事する専門家であっても，機器の仕様書だけではつかみ切れない場合も多く，これらを知るには実際にその機器を保有しているユーザーに聞くのが一番だとも指摘されている[78]。家庭で使用するテレビを考えても，同じような基本仕様のものであっても，メーカーによって，画像の色合いや種々の機能の

＊78　津村・前掲注23）256頁。

使い勝手に違いがあることを考えれば，このことは容易に理解されよう。しかし，実際に分析をしていない非専門家には，このような違いは想像しづらいことであるから，理論的に整った説明をされれば，そのとおりと思うしかない。

したがって，科学的証拠を取り扱う場合，科学的に正当な方法により分析された結果といっても，それは設定された条件や機器や検査薬等の特徴が不可避的に影響している可能性があるという問題意識は持つべきであろう。個々具体的な科学的証拠の信頼性を考える上では，実際の分析結果という実践値は，理論どおりに出された値（理論値）と必ずしも一致するものではなく，そこには絶えず一定のズレ，誤差が生じ得るものであるという問題意識は必要であるように思われる。そこで重要なことは，そのような問題意識を持った上で，条件の内容や機器の特徴等を考えても，当該分析結果は，必要とされる一定の条件を満たしていて，科学的に正当としてよい結論の範囲内にあると考えてよいのか，そのような一定の条件を満たしているのか疑問があり，正当な分析結果とはいえないと考えるべきではないのかの判断である。

(3) 信頼性に関する裁判所の判断と専門家の意見の関係

裁判所は，科学的証拠の信頼性に関して実質的判断をしなければならない。他方，裁判所は，科学領域については非専門家であり，そもそも裁判所の本来的能力ではまかなえないために，専門家に専門的知見の提供を求めているのであるから，非専門家である裁判所が，科学的証拠の信頼性に関し，専門家の意見を離れて独自に判断することは，相当の困難を伴うし，危険でもある。そのようなことを考えると，科学的証拠の信頼性に関する裁判所の判断においても，当該専門領域の専門家の合理的な判断は尊重されるべきである[79]。

2 信用性判断における留意点

(1) 信用性の意義

ここでは，信用性を，当該科学的証拠の内容の正確性の問題としてとらえて検討する。

科学的証拠の内容が正確といえるかは，前述の証拠の科学性が問題になる6段階・8項目（第3の2参照）のうち，資料の収集・保管過程の適切さを除く，5段階・7項目ごとに，その信頼性，適格性が肯定されることが必要となる。

改めて確認すると，まず検査方法の一般的なレベルでは，

① 検査・判定の基礎となる科学的原理や科学的知見が信頼できる正確なものであること

② 科学的原理や知見を実用化した具体的理論・技術が信頼できるものであること
個々具体的な検査方法のレベルでは，

③ 検査資料の前処理が適切になされていること

④ 検査機器が正しく作動し，確立したプロトコルを遵守するなど，具体的検査手法が適切であること
検査結果の評価のレベルでは，

＊79　精神鑑定に関するものであるが，最判平20年4月25日刑集62巻5号1559頁参照。

⑤　検査結果の評価に関する原理や基準が信頼できるものであること

⑥　具体的な検査結果の評価が，⑤の基準を遵守した適切なものであること

　検査者，評価者のレベルでは，

⑦　検査者，評価者が，必要な資格，能力を備えたものであること

といった各段階での要件を満たすことが必要となる。

⑵　信用性判断における留意点

ア　争点判断に必要な限度での信用性判断

　裁判において証拠に対する理解と判断が求められるのは，争点判断に必要な限度であり，争点の前提となる事実については，争点判断に必要な限度で判断が示されればよく，またそれに必要な限度で理解がされればよい。特に，裁判所が非専門領域に関する判断を示す場合には，この点を意識する必要がある。例えば，「リモコンのこのボタンを押せば，テレビのスイッチが入る」ことに争いはなく，証拠上もその事実が専門家の意見から認められる場合には，争点判断のためにはその限度で理解がされ，判断が示されれば足りる。したがって，それ以上に「なぜ，このボタンを押すと，テレビのスイッチが入るのか」という点にまで遡って理解をし，判断を示す必要は，原則としてない。

イ　資料の量や状態を踏まえた信用性判断

　刑事裁判の場合，鑑定の対象となる資料が微量の場合は少なくない。そこから検出された判別の対象とされる物質に至っては，なおさら微量である[80]。また，特に犯行現場等から採取された現場資料は，資料自体に多くの夾雑物が付着していたり，既に腐敗が進んでいたりすることもある。このような資料の量や状態から，検査に一定の限界や制約が伴う場合は，少なからずあり，そのような場合は，信用性判断においてそのような点に留意する必要がある。

ウ　予備試験を含めた分析経過全体の検討

　科学的証拠の内容の正確性を考える上では，分析過程全体を検討することが必要になる。この分析過程には，資料そのものの検査が複数回繰り返されている場合には，その個々の検査過程を検討する必要があるし，資料そのものの検査以外にも，コンタミネーションがないことを確認する陰性試験や機器の作動の正確性を確認する陽性試験といった予備試験の適切さも含まれる。したがって，このような予備試験を含めた分析経過全体の適切さが問題となる。

エ　同一証拠物について複数の科学的証拠がある場合

---

[80]　和歌山地判平成14年12月11日判タ1122号402頁は，「本件での異同識別3鑑定は，上記のとおり，最先端の科学技術による分析であり，いずれも合理的かつ高水準の方法による分析ではあるが，本件での分析は，少量ないし微量の亜砒酸資料中に含まれるppmレベルの極めて微量な元素の含有状況を探ろうという元来困難な分析作業であって，資料量等の条件や分析手法によって一定の制約を伴わざるを得ないものである。（中略）このように，最先端の技術といえども，極めて微量な成分の分析では，それぞれの手法ごとに一定の制約が伴うことを考えると，関係証拠の異同識別の判断は，1個の異同識別の分析結果のみで判断するのではなく，そのような個々の分析結果を一つの判断資料としてとらえ，複数の異なる手法による分析結果の総合的な検討により判断するのが事実認定のあり方として相当と考える。」と判示している。

前述したように，別の鑑定人が実施した複数の鑑定で，同じ結論が導かれている場合，その理由が全く異なるなど特段の事情がある場合を除いて，通常は，当該証拠物の分析から得られた当該複数の鑑定の信頼性はいずれも高いといえるであろう（第7の2(2)ア参照）[81]。

　　これに対し，当該証拠物から採取した資料について捜査段階の鑑定である特定の反応が出たが，起訴後の再鑑定ではその特定の反応が出なかった場合，あるいは異なる反応が出た場合の評価は，前述したように難しい面があり，様々な評価の仕方が考えられる（第7の2(2)イ参照）。

　　このいずれに当たるかの評価は，難しい判断である。であるからこそ，専門家の意見が重要になるが，他方，採取資料全体に，どのような物がどのように付着していたと考えられるかという点は，必ずしも資料の分析者が判断できる事柄でない場合も多いであろう。資料の発見状況やその後の保管状況，想定される検出物質の付着方法等から，判断することが必要になる。

オ　証拠開示が不十分だった場合の留意点

　　前述したが，弁護人から開示請求がされたにもかかわらず，開示されるべき証拠が開示されなかったことから，科学的証拠に関する証拠調べ，例えば，分析担当者の証人尋問において，反対尋問が十分に行えなかったような場合は，科学的証拠の信頼性を十分に検証する機会を与えられず，科学的証拠の再現可能性に関する疑問が十分に解消できなかったとして，その事情を科学的証拠の信用性を低める事情として考慮することは可能である。

　　ただ，このようなことは本来ないようにすべきであるから，公判前整理手続において，検察官，弁護人双方は，そのような問題意識を踏まえた主張とそれに必要な証拠開示を十分に行っておくことが必要である。

3　証明力評価における留意点

　　ここでは，証明力を，具体的な分析結果から，どのような事実がどの程度の蓋然性をもってあるといえるのかという問題として検討する。

(1)　証拠から認められる事実の2段階の評価

　　科学的証拠の証明力を考える上では，まず科学的証拠が，争点判断において，どのような位置付けを与えられているのかを検討することが重要である。前記第4「科学的証拠と証拠構造」で検討した視点である。

　　ここでの分析の視点は，一部の学説が指摘する自然的関連性として要求する「重要性」と「狭義の関連性」の視点と共通するところがある[82]。「重要性」とは，証

---

[81]　和歌山カレー毒物混入事件では，関係箇所から収集された亜砒酸について，捜査段階では，放射光分析とICP-AESによる分析が，公判段階では，放射光分析がなされた。捜査段階の放射光分析では，亜砒酸中の微量元素の比率は，スペクトルの高さを見た目で測ったスズとアンチモンは同程度，ビスマスはスズ，アンチモンの数倍といったものであったが，公判段階の放射光分析では，データそのものから定量分析を行うこととし，それにかなうようなより精度の高い方法が用いられた。前掲注80）判タ1122号433頁。

[82]　光藤・前掲注34）140頁，上口・前掲注34）346頁。

拠が証明しようとする主題が，当該訴訟において意味のある事実であることをいうから，科学的証拠の内容を取り込んで構成される間接事実に近い概念であり，前記第4「科学的証拠と証拠構造」で検討した2段階の Ⅰ（ラージアイ）に相当する。次に「狭義の関連性」とは，当該証拠が重要性のある事実の存否の蓋然性に影響を与えることをいうから，科学的証拠によって直接認定される事実に近い概念であり，上記2段階の i（スモールアイ）に該当する。

どのような概念として整理するかはともかく，科学的証拠の証明力を評価する際には，まず，証拠自体から直接どのような事実がどの程度具体的な事実として認められるのかを検討し，次に，科学的証拠によって認められた事実やその他の証拠から認められた事実から具体的にどのような間接事実がどの程度認められ，その事実は立証命題をどの程度推認させる力があるのかを検討することが重要となる。

⑵ 証拠から認められる事実の具体性と必要となる精度

証明力や証拠価値の程度を検討する上で重要なことは，当該科学的証拠やそれに関連する証拠から，どの程度具体的な（どの程度の蓋然性を持った）事実が認められるのかという事実の具体性の程度である。

前述した薬毒物鑑定（第4の1⑵）を例にすれば，Ｖ方から発見された毒物である白色結晶ａが，被告人方から押収された白色粉末ｂと同一かが争点となった場合，ａはｂと毒物の主成分が同一であるということなのか，それとも，ａはｂと物として同一（ａはｂの一部）であるということなのか，ということである。当然，証拠価値の点では，前者より後者の方がはるかに高い。しかし，クリアすべき信頼性のハードルは，前者の場合，定性分析の結果のみの信頼性であるのに対し，後者の場合は，定量分析の結果及び同一といえることの根拠の信頼性も肯定される必要があるから，後者の方がはるかにハードルが高いことになる。後者について，定性分析部分の信頼性は肯定されても，定量分析部分の信頼性が否定されたり，定量分析部分の信頼性が肯定されても，同一といえることの根拠の信頼性が否定されることもある。

⑶ 検査の精度が高い分析方法における留意点

検査の精度が高い分析方法の場合，ごく微量のコンタミネーションによる信号も機器は感知し，あるいは多少の設定条件の狂いが，鑑定結果に少なからぬ影響を与える場合がある。したがって，検査の精度が高い分析方法は，逆に鑑定結果の評価にはより慎重さが要求される。このような場合，複数のより多く鑑定資料から同様な結果が生じている方が，判断の確実性は担保されるといえよう（なお，第4の2も参照）。

⑷ 総合評価の際の留意点

科学的証拠の証明力の評価に関して，科学的証拠は，他の証拠との総合評価による合理的心証形成をする際の一資料にとどめるべきであるといった指摘がなされることがある[83]。この指摘は，科学的証拠は，多くの場合情況証拠の一つにすぎず，

---

*83　ＤＮＡ型鑑定に関するものとして長沼範良「いわゆるＭＣＴ１１８ＤＮＡ型鑑定の証拠としての許容性」（ジュリスト1239号160頁），三井・前掲注5）257頁。

その証拠価値を過大評価してはならないことを指摘するものであって，十分理解することができる。

　ただ，他の証拠との総合評価の場面でも幾つか留意点がある。

　まず，科学的証拠が極めて重要な役割を果たし得る場合に，他の証拠との総合認定だからといって，低めの評価で十分かというと必ずしもそうではないということである。当該争点について科学的証拠を低めに評価すると，その後の検討の基礎となる事実の確実性が低くなり，当該争点判断の安定感が低くなってしまうおそれがある。また，実質的に科学的証拠に依拠している部分が大きいのに，それを形式的に低めに評価して，例えば，視認状況等に照らして余り信用性が高いとはいえないような目撃証言を強く評価して事実認定するようでは，本末転倒といえよう。

　反対に，他の証拠との総合認定であるからといって，証拠としての実質的価値が高くない科学的証拠を事実認定に無批判的に用いてはならないであろう。そこでは，科学的証拠の弊害の部分を意識すべきである。

　したがって，総合評価の一資料とする場合であっても，科学的証拠を等身大で評価することがやはり必要なのである。そして，科学的証拠により認められる事実の合理的な分析やその限界の検討がなされなければ，「総合評価」の名の下に，印象に基づく事実認定になる危険性があることを忘れてはならない。

　なお，事案や科学的証拠の内容によっては，例えば，ＤＮＡ型鑑定の結果から認められる事実を構成要素とする間接事実が，その犯人性を優に推認させ，これを揺るがす事実や証拠がない場合には，これのみによる有罪立証も許されると考えるが，この点は第2章において検討する。

(5)　鑑定結果の表現方法—専門的表現，判断と経験的表現，判断の切り分け

　鑑定書には，通常，鑑定結果が記載されるが，そのうち，人物や物の同一性に関する鑑定では，その鑑定結果の表現方法には留意すべき点がある。

　例えば，第2章で取り上げるＤＮＡ型鑑定を例にとれば，同一のＤＮＡ型となる出現頻度が1万人に1人の場合，人口10万人の街であれば，その中に10人いることになり，決して出現頻度が低い数値とはいえない[84]。しかし，これを対象資料のＤＮＡ型と被告人のＤＮＡ型が一致する割合としてパーセンテージで表した場合，99.99％となり，この数字を常識的に考えると，ほぼ被告人が犯人であるように見えてしまう。このようにＤＮＡ型の出現頻度をパーセンテージで表してしまうと，パーセンテージが日常生活において果たす役割やイメージから，科学的な意味合いと異なる意味合いで理解されてしまう危険がある。

　また，例えば，科捜研や科警研等で行われている白骨死体鑑定における個人識別では，その信頼性の程度により，次のような鑑定結果主文が用いられているという[85]。

---

*84　実際のＤＮＡ型鑑定では，出現頻度は，はるかに低い数値となることが多い。ただ，そのような場合であっても，前述したように，そもそも科学は，多数の例について全般的に考察するには優れているが，全体の中の個の取扱いには苦手がところがあるとされている点には留意すべきである。

*85　高取健彦編『捜査のための法科学第一部〈法生物学・法心理学・文書鑑識〉』令文社（平成16年）27頁。

① 鑑定資料(1)の頭蓋と鑑定資料(2)の頭部Ｘ線フィルムは，同一人のものと断定される。

② 鑑定資料(1)の頭蓋と鑑定資料(2)の顔写真は同一人のものと考えられる。

③ 鑑定資料(1)の頭蓋と鑑定資料(2)の顔写真は恐らく同一人のものと考えられる。

④ 鑑定資料(1)の頭蓋と鑑定資料(2)の顔写真は同一人のものの可能性がある。

⑤ 鑑定資料(1)の頭蓋と鑑定資料(2)の顔写真は別人のものと考えられる。

ここで留意しなければならないことは，ここで用いられている表現は，必ずしも日常用語としての日本語の表現ではなく，一定の領域における専門用語として用いられている「決まりごと」であるという点である。したがって，このような「決まりごと」を知らない相手に，無条件にこのような表現を示すと，誤解を生むことになる。日本語として④を理解した場合，それが③の程度には至っていない趣旨が含まれていることを読み取るのは困難である。特に裁判員裁判においては，従来の科学捜査において用いられてきた「決まりごと」としての表現を，そのまま用いるのは妥当でない。判断の基礎となった分析結果そのものを踏まえ，どのような内容として裁判員に示すべきかは，公判前整理手続において十分に検討される必要がある。

さらに，意識しなければならないことは，鑑定者が鑑定結果として判断を示すべき内容は，まさに当該専門的知見に基づかなければ判断できない事柄や分析結果であるという点である。そして，それを踏まえて一般的な経験則によって判断されるべき事柄については，裁判所がその責任において判断すべきで，そのような部分にまで鑑定者が意見を述べると，一般的な経験則で判断すべき事柄を，あたかも科学的な専門領域に関する事柄であるかのように見せかけてしまい，裁判員の経験則による判断を事実上拘束し，あるいは誤らせてしまうという弊害もある。専門的知見による判断と一般常識に基づく判断の切り分けを意識的に行うことが必要となる。

この点，アメリカの連邦証拠規則704条は，被告人の精神状態に関する意見を述べる場合を除き，専門家証人が終局的事項に関する意見を述べることを許容しているが，近年，前述した米国科学アカデミーが報告した「米国における法科学の強化」が照合型鑑定の信頼性に対して投げかけた疑問を踏まえ，陪審裁判において，裁判官が，鑑定結果に関する分析官の証言に際し，「被告人がこの文字を書いた。」などといった終局的意見を述べることを許さず，「こことここのポイントが似ている。」などといった限度で所見を示すことのみ許すという運用が広がりつつあるという指摘も参考になる[86]。

(6) 証拠としての機能面での特性

個々の事案において科学的証拠の証明力を評価するに当たっては，当該科学的証拠が最も有効に機能するとされている場面かどうか，そうでない場合には，最も有効に機能する場面ではないとされる弱点が当該事案でどの程度克服されているのか，といった観点から検討することも必要である。

例えば，頭蓋と顔写真からその両者を同一人かどうか判別するスーパーインポー

---

[86] アメリカにおける科学的証拠の実情を調査した元最高裁刑事局局付（現東京高裁）伊藤ゆう子判事の報告による。

ズ法による個人識別は，解剖学的に明白な相違点が１つ存在すれば同一人でないと判断できるため，頭蓋と顔写真が同一人であることを排除する方法としては極めて有効であるとされている。これに対し，逆に同一人であると判断するためには，スーパーインポーズ像においてどのくらい解剖学的合致点があればいいかが問題になり，ここでは，様々な実験的研究から有益な指標が導かれつつあるが，ある確立された特定の見解があるという状況には至っていない。異なる角度から撮影された複数枚の顔写真を用いて可能な限り多くの合致性を評価する指標を検査しなければならないと指摘されている状況にある[87]。

したがって，スーパーインポーズ法による証拠を，照合資料が同一人である方向でその証明力を評価する場合には，前述した弱点がどの程度克服されているかに関する当該専門領域における到達点を意識して評価することが必要となる。

このような傾向は，照合型といわれる科学的証拠には共通して妥当することであろう。

(7)　科学的証拠の分類の視点の活用

本司法研究では，科学的証拠について，科学性の程度や科学的とされる根拠という観点から前述のとおりの分類を試みたが，そこでの視点は，科学的証拠の証明力評価の際の留意点を考える上でも有益である。社会生活上体得できる経験的なものが信頼性を支える大きな基礎の一つになっている第１分類では，その証明力を評価する上でも科学的でない経験的な感覚が入り込む余地があることを意識すべきであろう。照合型ともいうべき第２分類は，前記(6)が妥当するし，指紋を除くと元来それほど識別力が高くないことを意識すべきである。科学的信頼性が必ずしも確立されたものとなっていない第３類型では，証明力評価の基準も確立していないことが多いであろう。

第９　検査資料の管理（収集，移動，保管）
１　汚染，混同の問題性
(1)　２段階の問題性

科学的証拠の信頼性の大前提として，検査の対象資料は，収集，移動，保管の過程（以下，一括して「資料の管理過程」ということもある。）で，他の資料との混同や汚染が生じないように，適切に管理されていなければならない。

検査資料の科学的な分析結果は，当該検査資料の証拠としての位置付けと合体して初めて意味を持つ。例えば，当該検査資料からある特定の毒物が検出された場合，その検査資料が，犯行現場から押収された紙コップの底部から押収日の３日後に採取された白色結晶状の物質だとされる場合，その検査資料の証拠としての位置付けと検査結果が合体して，犯行現場に残された紙コップに，ある特定の毒物が付着していたということが導かれる。

---

[87]　スーパーインポーズ法による個人識別については，吉野峰生「頭蓋・顔写真スーパーインポーズ法：1937〜2009」科警研報告61巻２号18頁等を参照。

しかし，その紙コップに，押収後の何らかの過程で何らかの毒物が付着してしまった場合は，どうなるであろうか。捜査段階でこのようなことが判明した場合，このような汚染が生じてしまった以上，当該検査資料は捜査資料としては適切なものではなくなり，捜査機関は有益な情報を取得することができなくなってしまう。ただ捜査段階で汚染や混同が判明したのであれば，捜査時点において，そうした状況に即した当該資料の実際の位置付けがなされるので，公判段階には影響せず誤判の原因とはなりにくい。

　しかし，捜査段階で判明しないまま公判段階において証拠として取り調べられると，犯行現場に残された紙コップに，押収時点においてある特定の毒物が付着していたとはいえないのに，付着していたと認定される危険性が具体化し，誤判の原因となるのである。しかも，証拠物に当該毒物がいつ付着したかは，鑑定データの検討や再鑑定によっても基本的に確認できない問題点なのである。

　つまり，汚染されてしまうこと自体問題であるが，より問題なのは，汚染されているのに，公判段階において汚染されていない証拠として取り調べられてしまうことである。

⑵　汚染等防止の取組の現状

　近時，ＤＮＡ型鑑定を中心に，科警研や科捜研において科学的分析がなされる環境は，クリーンルームの整備や作業場所の分離等汚染や他の資料との取り違えが生じにくい環境がかなり整備されており，その整備の水準は高いといえる[88]。また，捜査部門においても，被疑者のＤＮＡ型の対照試料としての口腔内細胞については，資料のバーコード管理が導入されてきている[89]。さらに，現場で資料が採取される場面でも，ＤＮＡ型鑑定が想定される資料については，採取現場でその資料を保管用のポリ袋に入れる際に，立会人が一度開封すると使えなくなるシールに署名した上で，そのシールでその袋を封印し，開けるときはナイフでそのシールを切り，いつその袋が開封されたか分かるようにするなど[90]，捜査現場においても，汚染や混同防止の取組が進みつつある。分析技術が進歩しても，資料の汚染等防止の対策が不十分では，科学的証拠は危険な証拠になる可能性が高まってしまう。そのような意味で汚染等の防止は科学的証拠の信頼性の大前提であるから，我々は，このような捜査機関等における運用の動向に関心を払いつつ注視していく必要がある。

2　資料の管理過程の客観的証拠化の重要性

　資料の収集，移動，保管に関する一連の経過は，①関係箇所や関係者からの対象物の採取，②採取物の資料化，③捜査機関での資料の保管，④鑑定機関への鑑定嘱託と

＊88　警察庁の通達については，注147）参照。研究員が訪問した科警研及び大阪府警本部科捜研におけるＤＮＡ型鑑定施設は，いずれもエアシャワー等が設置されたクリーンルームとなっており，ＤＮＡの抽出・精製までとその後のＰＣＲ増幅で部屋を分け，その部屋の間には，試料を渡す窓のようなパスボックスがあり，ＤＮＡを抽出，精製する部屋からＰＣＲを増幅する部屋への一方通行でのみ試料が授受される扱いとなっていた。

＊89　倉前嘉孝「ＤＮＡ型記録取扱規則及びＤＮＡ型記録取扱細則について」捜査研究719号40頁参照。

＊90　研究員の大阪府警本部科捜研に対するインタビュー結果による。

資料の送付，⑤鑑定機関での資料の受入れと保管，⑥鑑定機関における資料の鑑定，⑦捜査機関への資料の返却，⑧捜査機関における資料の保管といったものである。

　これらの事実関係は，証拠に基づいて判断することになるが，被告人が体験し得ない場合が通常であり*91，関係証拠が専ら捜査機関側の手中にあるという事情がある。したがって，被告人の供述を踏まえて検討することができないという意味で，刑事裁判において特異的な事実関係であることを意識する必要がある。弁護人からすると，資料の管理の適切さは，証拠が開示されなければ一切検討することができない事柄であり，また証拠が開示されても，開示された証拠の内容以上のことは把握し得ない場面といえる。したがって，どのような証拠が開示されるか，資料の管理に関しどのような事情が証拠化されているのかが重要となる。

　前述したように，近時，捜査機関における汚染や混同防止の環境整備は進みつつあるが，資料の収集，移動，保管に関する一連の経過を，裁判員裁判を意識した客観性の高い記録として証拠化する取組は，前述した鑑定環境の整備に比べると，まだ不十分なように思われる。資料の収集，移動，保管の場面，特に前述の①から④における資料の動きや状態について，個々の資料ごとに，資料に動きがある都度，作為の介在する余地がない形で記録化し，その集積として客観性の高い記録が作成されることが望ましい。そして，このような記録中に一見して同一性が確認でき，また，工作の痕跡がないことも明らかになるような写真等の客観性の高い資料が添付されていれば，管理過程に関する証拠としては価値の高いものとなる。そうでなく，回顧的にまとめられた文字情報による捜査報告書だけしかないと，公判前整理手続において資料の管理過程について争点整理をしようとしても，ポイントを絞った争点整理を行いにくく，結局，資料の管理過程全般について，ポイントを絞り込めないまま公判審理を行わざるを得ない事態となる。そして，公判で審理しても，裁判所は，資料の管理過程の前述した特徴から，弁護人の効果的な反対尋問が必ずしも期待できない状況下で，管理過程の担当者の供述という限られた証拠のみから，資料の管理過程の適切さについて判断することを求められることになってしまうのである。

　資料の収集，移動，保管過程の客観的証拠化は，一つは，客観的証拠化自体が汚染等の防止につながる効果を持つし，二つには，公判前整理手続における資料の管理過程に関する的確な争点整理を可能にし，三つには，資料の管理過程に関する事実認定の客観性を担保するという効果がある。今後，資料の管理過程，特に前述の①から④の部分については，更なる客観的な証拠化の努力が払われるべきである。

3　鑑定結果からみる管理の適切さ，不適切さ

　資料が汚染される場合には，過失による場合と故意による場合がある。このうち，過失による汚染の場合には，雑多な情報が検出されたり，同一状況で採取された資料であるにもかかわらず資料によって鑑定結果に大きなばらつきが出たりするといった形で汚染の可能性が表れることが少なくない。したがって，適切な管理状況であったといえるかといった点の他に，鑑定方法にもよるが，上記のような鑑定結果となって

---

*91　これに対し，覚せい剤の使用を確認するための尿検査は，被疑者が排尿してから所定の容器に入れ封印するまで，被疑者自身が確認できるという点で，本文とは異なる特徴がある。

おらず他の資料による汚染があったとは考えにくい鑑定結果となっているのかどうかということが，過失による汚染の有無を判断する一事情になることがある。

他方，故意による汚染の場合，鑑定結果からの判断は難しい（例えば，何も付着していない現場資料に，被告人の血痕，唾液，表皮のみを付着させるなどした場合等）し，故意による汚染は，適切な管理がなされていても可能だから，管理過程の審理からは判明しないこともあろう。もちろん，このような故意の証拠作出等は，「真実の痕跡」である他の証拠関係とどこかで矛盾や不整合を生じるはずであって，いずれ事が露見することは避けられない（したがって，第一次的には，その証拠が指し示すものが，他の証拠との関係で整合的か—それだけ浮き上がっていないか—という視点は欠かせないといえる。）から，捜査官等が故意に資料を汚染することは通常は考えられないことだが，仮にそのようなことも念頭に置いた場合，その行為は，上記のようなリスクを冒してまでいわば被告人を犯人に仕立て上げようとする行為といえる。したがって，故意による汚染かどうかを検討する際には，前述した視点のほかに，捜査過程全般を検討し，当該捜査官等の行動に，被告人を犯人に仕立て上げようとしている人物の行動であると推認させる点はないか，といった観点から検討することも必要となろう。

4 資料の管理過程の証拠法上の位置付け

鑑定の対象となる資料の収集，移動，保管の各過程の適切さは，科学的証拠の証明力の前提事情である。資料自体の取り違いであれば，そもそも証拠能力なり関連性が認められないであろうし，他の資料により汚染されたとすると，鑑定の証明力が否定されることになろう。

第10 科学的証拠と裁判員裁判

ここでは，これまでの検討を踏まえて，裁判員裁判を念頭に，前述した「科学的証拠の限界」における「判断者の限界」（第2の3(3)イ(イ)）で触れた①科学的証拠の内容理解の困難さ，②科学的証拠の正確性や信頼性の評価の困難さ，③科学的証拠への過度の期待の危険等を視野に入れて，評議や公判審理，公判前整理手続において留意すべき点を検討する。

1 科学的証拠の事実認定上の役割と限界の把握

(1) 把握の重要性

科学的証拠について，適切な評価をするための最初の出発点は，科学的証拠から認められる事実が当該事案において果たす役割と限界を，意識的かつ明確に把握し，それを裁判員と裁判官の間で共有することである。

前述した薬毒物鑑定（第4の1(2)）を例にすれば，Ｖ方から発見された紙コップ内の白色結晶ａと被告人方から発見された缶内の白色粉末ｂが同じ種類の毒物であったとしても，被告人が犯人といえるかは，ａはｂから取り分けられた物とまでいえるのか，ｂが入っていた缶を誰が使用可能か，誰がＶ方に立ち入ることができるか等の事情によって左右され，被告人が犯人であるかどうかは，当該事案における様々な証拠の状況を踏まえ，個別具体的に検討されなければならない（なお，第8の3(2)参照）。

したがって，科学的証拠から認められる事実が当該事案で果たす役割と限界を裁判員と裁判官とで共有することは，科学的証拠が持つ証明力の価値と限界を意識し，当該事案における証拠を，適切にしてかつ全体としてバランス良く評価する出発点となるのである。そのため，科学的証拠の信用性や証明力が争点となっている事案の評議では，裁判官は，絶えず科学的証拠から認められる事実の役割と限界を意識しておく必要があるだけでなく，裁判員にも意識してもらうことが必要となる。そのような問題意識からは，評議の冒頭で，科学的証拠から認められる事実が当該事案において果たす役割と限界を，論告や弁論を踏まえて確認する作業が有益となる場合もあろう。そして，評議の時点でそのような確認をするのであれば，遡って，公判審理での検察官，弁護人の冒頭陳述が終わった時点で，その冒頭陳述を踏まえて，科学的証拠から認められるとされる事実の位置付けについて，裁判官と裁判員とで意識的に確認しておくのが相当であろう。

(2) 公判審理・公判前整理手続における留意点

裁判員や裁判官が，当該科学的証拠の果たす役割と限界を意識的かつ明確に把握，共有するためには，公判審理における検察官，弁護人の主張が，そのような役割と限界を裁判員，裁判官に自然と意識させるものであることが必要になる。

検察官請求証拠である場合を例にとれば，まず，検察官は，冒頭陳述や論告を通じて，当該科学的証拠が当該争点判断で果たす役割を，その限界を意識しつつ具体的に示す必要がある[92]。具体的には，当該科学的証拠から直接的に認められる事実と，その事実に他の証拠から認められる事実を加えて推認される事実とを明確に区別し，科学的証拠の結果を取り込んで構成される間接事実の中で，当該科学的証拠の果たす役割を明示することが必要になる。

他方，弁護人は，冒頭陳述や弁論を通して，当該科学的証拠が当該事案で果たす役割の限界を具体的に明示することが必要になる。前述の例によれば，科学的証拠の信用性，証明力は，科学的証拠から直接認められる事実の有無やその評価にのみ関連し，同じ間接事実の中に構成されていても，他の事実の有無や評価には影響しないことを明示することが必要になる。

公判審理において検察官と弁護人が，それぞれこのような適切な主張をするためには，公判前整理手続における検察官の証明予定事実，弁護人の主張予定事実は，いずれも，当該科学的証拠から直接的に認められる事実と，その事実に他の証拠から認められる事実を加えて推認される間接事実とを明確に区別した上で，どの部分を争点とするのかあるいはしないのかを意識し明示した主張がなされる必要がある。

2 争点の具体的な理解の重要性

(1) 評議対象の特定・明示

裁判員は，科学的証拠をどのように評価すればよいかというテーマについては，

---

[92] なお，冒頭陳述と論告では，訴訟手続において果たす役割には違いがあり，とりわけ冒頭陳述は，主張と証拠のしゅん別という観点から，一定の簡潔性が求められる点には留意する必要がある。弁護人の冒頭陳述も，同様である。

難しそうなイメージを抱くであろう。また，何をどう考えていけばよいか迷うこともあるであろう。したがって，評議の冒頭で，評議の具体的な対象や評議の順番を明示しておくことが必要となる。

　科学的証拠の信用性や証明力に関する評議の対象は，大きく，①科学的信頼性に関するものと，②資料の管理過程の適切さに関するものとに分かれる。そして①は，㋐科学的分析の経過及び結果そのものに関する事実認定，㋑科学的分析結果自体の信頼性の検討，㋒科学的分析結果の評価の信頼性の検討に，②は，㋓資料の収集・管理に関する事実認定，㋔資料の収集・管理の適切さの評価の検討に大きく整理することができよう。ただし，㋐と㋑，㋓と㋔は，それぞれ実質的に重なり合う部分があり，そこを細分せずに評議した方がよい場合もあろうから，評議の区分けに関する視点としては，ⓐ科学的分析結果が出るまでの経過とその分析結果の信頼性の検討，ⓑ科学的分析結果の評価の信頼性の検討，ⓒ資料の収集・管理過程の適切さの検討という３つの視点も有益であろう。

(2) 争点の具体的理解の重要性

　科学的証拠の信用性，証明力が争点となっている場合，その評議の対象を具体的に理解してもらうためにも，あるいは評議を適切に行うためにも，裁判員が争点の内容を具体的に理解していることが必要となる。科学的証拠の内容の理解や判断も，争点判断に必要な限度で足りるのであるから，具体的な争点の理解は，公判審理において何をどの程度理解すればよいのか，評議において何をどの程度判断すればよいのかという点の前提となる事柄である。

　前述した科学的証拠の信頼性に関する５段階・７項目等を参考にしつつ，具体的にどの段階でどのような点が争点となっているかを裁判員に具体的に理解してもらう必要がある。

(3) 公判審理・公判前整理手続における留意点

　具体的な争点を理解することは，個々の証拠評価の出発点といえる。したがって，遅くとも，専門家が公判で供述する前の時点で具体的な争点を理解しておく必要があるから，冒頭陳述や争いがない前提事実に関する証拠調べを通じて，裁判員が，どこが争いになっており，どこは争いになっていないのかを理解する必要がある。検察官や弁護人の冒頭陳述や証拠調べは，そのような観点を意識しながら行われる必要がある。

3 理解・判断の難易度と裁判員に対する説明の在り方

(1) 理解・判断の難易度

　科学的分析・評価に関する評議では，当然，専門的な知見に関する供述証拠を踏まえて評議が行われるから，そのような専門的な供述証拠を裁判員が理解し，かつ，その信頼性に関する判断をするために必要な情報が分かりやすい形で提供されていなければならない。

　分析・評価の信頼性に関する内容の難易度は，科学的証拠の種類，内容によって，様々であろう。

　例えば，薬毒物に関する確立した機器による定型的な定性分析であれば，検査方法の一般的な信頼性が争点になることは通常ないだろうし，検査方法のプロトコル

も確立しているから，具体的検査方法の信頼性の判断も比較的容易であろう。ある特定の成分が検出されたという結果の理解や検討も，比較的容易であろう。ＳＴＲ型によるＤＮＡ型鑑定も，公判に証拠として請求されるような鑑定結果の場合，その検出結果自体の理解は，特別な場合を除いては，それほど難しいものではない。

　他方，試料化を含め鑑定方法が必ずしも定型化されていない分析の場合は，信頼に値する分析結果とみてよいか，つまり，精度の高い分析とみてよいかという点についてその事案限りの分析方法を検討して判断する必要があり，そのため試料化の過程から理解，検討することが必要となる。したがって，このような場合は，評議における難易度の高い科学的証拠といえよう。あるいは，どの成分がどの程度検出されたかという定量分析は，定性分析と比較すると，分析精度を保つ上での検査条件がより厳しいから，そのような厳しい条件を満たした分析となっているか，といった検討が必要となってくる。

　また，分析結果の評価に関する難易度も，科学的証拠の内容によって様々である。例えば，薬毒物に関する確立した定性分析によって，ある特定の毒物成分が検出されたという分析結果であれば，その評価は，分析結果そのものであるから，特に理解が難しいものではない。その資料から当該毒物成分が検出されたことが当該裁判においてどのような意味をもつかは，科学的証拠以外の証拠評価の問題になる場合が多いであろう。これに対し，薬毒物に関する定量分析において，薬毒物の量ないし濃度が問題になる場合には，その量ないし濃度が当該事案において持つ意味合いを理解する上では，別の専門的知見が必要となる場合もあろう。ＳＴＲ型によるＤＮＡ型鑑定であっても，ＤＮＡ型の判定の理解が容易だとしても，その評価の面では，出現頻度という科学的知見に関する理解が必要となるし，混合斑痕のように３つ以上のピークをどのように評価するかという難しい問題もある[93]。

　このように科学的分析・評価の理解，検討の難易度は，科学的証拠の種類・内容によって異なるが，いずれにせよ，公判において，その難易度に応じた質と量で，その理解，判断に十分な情報が分かりやすく提示される必要がある。そのためには，法律家自身が，当該科学的証拠の一般的な専門的知見について十分に理解しておく必要がある。そして，公判前整理手続において，当該事件の争点判断にとって，どの程度難しい情報を扱うことになるのかについて明らかにし，それに必要な審理方法や審理日程を検討する必要がある。

(2)　裁判員に対する説明の在り方

　裁判員法は，裁判員の欠格事由を法定しており，そこでは，学校教育法に定める義務教育を終了したか，同等以上の学識を有していれば，欠格事由に該当しないと定めている（裁判員法14条１号）。また，裁判員は，当該裁判の選任手続で選任され，公判審理で初めて科学的証拠の存在やその内容に触れるわけであるから，事前に当該科学的証拠に関する知識を有していることも想定することはできない。したがって，裁判員自身の努力によって，当該科学的証拠に関し高度の専門的な理解をすることを求めることは，制度上無理があるし，また，適当でもない。そのような裁判

---

[93]　混合斑痕の場合の考え方については，第２章第４の４参照。

員に対する科学的証拠の説明や立証の在り方を考える上では，次のような点には留意すべきであろう。

　まず，科学的証拠の分析・評価の信頼性といっても，争いのある部分と争いのない部分があるはずである。前述の科学的証拠の信頼性に関する5段階・7項目のうち，争いのない部分については，分析担当者等から，争点判断に必要な限度でごく簡単に平易に説明してもらい，その内容で裁判員が得心を得られれば，争いのない部分の理解としては十分といえる。例えば，前述したとおり，「リモコンのこのボタンを押すとテレビが映る」という場合，そのこと自体に争いがないのであれば，「リモコンのこのボタンを押すと，リモコンから電波が出て，その電波をテレビが受信して映ります。」といった内容が理解できれば十分であろう。そのボタンを押すと，どのような電波が出るのか，なぜ出るのか，テレビは，どのようにしてその電波を受信し，なぜテレビが映ることにつながるのかといった説明，理解は不要であろう。したがって，常に科学的な基本原理から詳しい説明をする必要はないと考えられる。

　次に，争点に関する部分については，より実質的な理解が必要となるが，ここでは，平易にかみ砕いた形で，専門家から必要な知見の提供と当該事案における考え方が提供される必要がある。かなりかみ砕いて説明する必要があるから，事案によっては，ある程度の時間をかけることが必要にもなろうし，理解の上で視覚的な資料も必要となろう。

4 科学的信頼性に関する公判審理・公判前整理手続の留意点

(1) 提供する情報の質や量の検討

　科学的証拠の科学的信頼性が争点となっている事案において，裁判員が証拠の内容を理解し，争点について判断できる分かりやすい公判審理とするために重要なことは，前述したように①公判審理で提供される専門的知見に関する情報が，争点判断にとって必要な限度で選択されたものであり，②その選択された情報については平易にかみ砕かれたものになっていることである。

　したがって，公判前整理手続においては，科学的証拠に関する争点がどの部分なのかを，科学性が問題になる5段階・7項目の視点なども活用しながら，明確化する作業が必要になる。そして，まず争いがない部分について，どの程度簡略な形で専門的知見を提供してもらうかを検討する必要がある。争点となっている部分についても，平易にかみ砕いた情報提供を求めることになるが，専門家の供述の信用性を検討する場面では，写真やワークシートなど客観的な資料があると理解がしやすくなるであろう。また，別の専門家によるチェックがされているのであれば，それを踏まえて信頼性について判断できる程度の情報が提供されるべきである。ただ，あくまでも裁判員が実質的に理解，判断することが必要であり，そこで理解が必要となる内容には，日常的に用いられる程度の計算式や一般的に理解が困難ではない基礎原理的なものから，やや特殊な計算式あるいはやや難解な法則まで様々なものがあり得る。したがって，争点に対する判断をするために，どの程度の科学的知見についての理解が必要になるかを，公判前整理手続において確認しておく必要がある。

　また，裁判員からすれば，公判審理で初めて専門的知見に触れることになるから，

その理解のためには，それなりの時間が必要である。したがって，科学的証拠に関する人証調べの時間は，裁判員が疑問点を整理する時間，休憩する時間を含め，それなりに余裕を持った時間配分とすることが必要である。また，パワーポイント等の説明ツールが有益な場合も多いであろう。そして前述した裁判員に理解が求められる内容の難易度が高まれば高まるほど，休憩を含む審理時間の取り方，分かりやすい説明方法の検討，信頼性に争いのない専門的知見の確定等の事前の準備作業が必要かつ重要になる。

このような公判審理を実現するためには，専門家には，争点判断にとっての必要性という前述した①②の観点から，適切な情報を公判で提供してもらう必要があるから，公判前整理手続の段階において，専門家と検察官，専門家と弁護人という各二者間のカンファレンスの他に，裁判所も加わった四者によるカンファレンスを行っておくことが有益な場合が多いであろう。

(2) 証拠調べの必要性（広義）の審査

証拠調べの必要性の判断は，公判前整理手続で行うこととなる。前述した公判前整理手続の目的や，そこでの判断が基本的には当事者の主張に基づく予測的判断にならざるを得ないことを踏まえると，その目的に必要な限度で必要性（広義）について審査することが重要である。

前述したように，公判前整理手続において科学的証拠の信頼性そのものについて，余り細かなところまで立ち入って審査することは予定されていないから，公判前整理手続では，科学的証拠の立証上の位置付けの明確化とそれに対する反証の位置付けの明確化が，証拠調べの必要性に関する審査の中心となろう。

(3) 検査方法の信頼性が争点となっている場合

検査方法の信頼性が争点となった場合は，その検査方法がどの程度確立したものなのかを検討することが必要となる。実用化されてからの実践例が多いとはいえない場合は，検査方法の信頼性について慎重に検討することが必要となる。

具体的には，まず，実用化された当該検査方法が，どの程度汎用的に使用されているのか，そこでは特に問題なく使用されているのかという実情の検討から始め，それで足りない場合に，専門的，技術的な内容面に必要な限度で立ち入って，検査方法の理論的，技術的信頼性を判断するというアプローチが実践的な審理，判断方法として有益であろう。そして，検査方法の専門的，技術的な内容面に立ち入って検討する場合には，特に資料の状態が悪く，微量あるいは希薄な場合に当該検査方法はどのように対応できているか，あるいは誤差や検査方法の感度について，どの程度明らかになっているのかといった点は重要となろう。またこのような検査方法の場合，時間の経過から，検査方法が進歩する可能性もあるから，そのような場合には，裁判時における技術的な知見からどのようなことがいえるかという観点から検討することも必要となる。

このような観点からは，例えば，現在，ＤＮＡ型鑑定の主流となっているキャピラリー電気泳動装置を使用したＳＴＲ型のＤＮＡ型鑑定のように，実用化の技術が確立し国際的に汎用されているものについては，仮に実用化の技術の信頼性が争点になっても，その現状が明らかになれば，それ以上に高度に技術的な内容について

まで審理する必要はないといえる。他方，第4類型のアのような検査・判定の方法については，その技術の信頼性を慎重に審理していくことが必要となるであろう。

⑷ 科学的信頼性の最低限のチェック

公判前整理手続においては，科学的証拠の信頼性に関し，前述したように，検査・技法の基礎となる科学的原理や実用化のための理論・技術を含め，当該検査・判定方法の信頼性に重大な欠陥や大きな疑問があるとはいえないことをチェックする必要がある。

まず，公的な検査機関において一定の資格を有する検査者が，既に確立した検査技術を用いて鑑定したような場合であれば，そのこと自体をもって，上記基準はクリアしていると考えられる。大学等の研究機関も同様に考えてよいであろう。それに対し，民間の検査会社等の場合，新規の技術による場合，検査者の経験が十分とはいえない場合等は，それに応じて，証拠請求者側に，当該検査の信頼性に重大な欠陥や大きな疑問があるとはいえないことについて，追加の主張なり事実の取調べ（刑訴規33条3項）としての資料の提出や場合によって証人尋問を行うことが必要となる場合も考えられる[94]。

5 証拠の管理過程の適切さに関する公判審理・公判前整理手続の留意点

⑴ 公判審理における留意点

資料の管理過程の適切さが問題になるのは，それはその資料に汚染や混同がなかったか，あるいは資料が精度の高い分析が可能な状態にあったかといったことが争点となっている場合である。資料の管理過程に関する事実認定自体は，必ずしも科学的な専門的知見が必要となる領域ではないが，適切さの評価に際して，資料の性状による特性（例えば，温度や湿度による影響等）が問題になるような場合には，その点に関する専門的知見が必要となる。また，科学的な知見は不要であるとしても，裁判員にとって，捜査機関が資料をどのように採取し，管理していたかという事柄は，日常生活の中で体験することのない事柄である。

資料の管理過程の適切さが争点となっている場合，証拠請求されている科学的証拠の管理のみならず，当該資料を含む関係資料全体の管理状況が問題となることがある。そのような場合には，関係資料の採取・移動・保管・分析といった一連の資料の収集・管理過程について，一覧表のような形で，視覚的に分かりやすく提示される必要がある。また，資料の管理状況の立証では，資料に動きがある都度作成された客観性の高い証拠に基づく立証が望ましい（第9の2参照）。

---

*94 公判前整理手続において証拠能力を判断するために証人尋問した場合，当該証人尋問は，公判準備における証人尋問であるから，当該証人尋問調書は職権証拠調べの対象となるが（刑訴法303条），証拠能力の有無のみに関する証人尋問であるから，通常は必要性なしとして公判廷では取り調べないことになるであろう。証人尋問の結果，本文記載の要件は満たしていると判断した場合は，当該科学的証拠に関する証拠調べを許容することになるが，鑑定書自体は不同意になっているだろうから，改めて証人尋問をすることになろう。その上で鑑定書自体を証拠とするかどうかは，裁判員にとって分かりやすいかどうかの観点から判断することになろう。

(2) 公判前整理手続における留意点

　当該検査資料について，他の資料との混同や汚染がないかなど，適切に管理されていたかどうかについて争いがあるときは，資料の収集・管理過程のどの場面について，どのような審理をすればよいかの検討が重要になる。特に，被告人に関わる資料を含め，資料の汚染が問題になる場合には，証拠請求にかかる資料以外の資料からの汚染もあり得るから，適切な争点整理をする上では，証拠請求されていない資料を含む全資料の収集・管理過程を対象にして争点整理することが必要になる場合もある。このような場合には，例えば，全関係資料について資料採取，鑑定嘱託，資料送付，資料返却鑑定結果等に関する以下のような一覧表形式の書面が有用になろう。

資料名	①精液様のもの（被害者の臀部からガーゼ片で採取）	②被害者の膣内液	③唾液様のもの（被害者の右胸からガーゼ片で採取）	④パンツ（被害時に被害者着用）	⑤被告人の唾液
採取日	H23. 2. 8	H23. 2. 8	H23. 2. 8	H23. 2. 9	H23. 3.17
保管場所	資料保管ロッカーA	同左	同左	同左	資料保管ロッカーB
鑑定嘱託日	H23. 2. 9	H23. 2. 9	H23. 3.11	H23. 3.11	H23. 3.17
科捜研送付日	H23. 2. 9	H23. 2. 9	H23. 3.11	H23. 3.11	H23. 3.17
鑑定事項	精液か否か，精液であればDNA型	精液混在の有無，混在すればそのDNA型	唾液か否か，唾液であればDNA型	精液付着の有無，付着すればDNA型	DNA型
鑑定結果報告日	H23. 3.10	H23. 3.10	H23. 3.22	H23. 3.22	H23. 3.29
鑑定結果	精液様のものは，精液と皮膚片が混在するものと認めたが，混在する精液のDNA型は，精液の混在量がごく少量であったため，検出できなかった。	精液と認めない。	唾液と認め，そのDNA型が判明（検査座位全てで⑤と一致）	精液と認めない。	DNA型が判明（検査座位全てで③と一致）
資料返却日	H23. 3.31	H23. 3.31	H23. 3.31	H23. 3.31	H23. 4.6
資料現況	残部あり	残部あり	残部あり	残部あり	廃棄済み
その他	特になし	特になし	特になし	特になし	特になし

　このような一覧表も活用しながら，関係資料全体を見渡した上で，資料の汚染について審理の対象とする場面を特定し，次いで，その場面について検察官に対し詳

しい証明予定事実記載書面の提出と証拠請求を求め，弁護人にはその反論を求めつつ，その場面についてどのような審理をすべきかを検討し，確定していくこととなろう。その際，資料に動きがある都度作成された客観性の高い証拠があると，有益なことは前述したとおりである。

第11　鑑定機関の在り方や品質保証
1　米，英，独における鑑定機関
　鑑識・鑑定機関の位置付けは，国によって様々である。2で検討する品質保証の前提として，アメリカ，イギリス，ドイツの鑑定機関の概況を紹介する[95]。
(1)　アメリカ
　アメリカでは，犯罪捜査を目的とした科学的鑑定を行うのは，専ら捜査機関ないし行政機関に付属する公的な研究所である。警察機関に付属するもの，地方検察官事務所（ＤＡオフィス）に付属するもの，州の司法省等行政機関に所属しているものなどがある。
　こうした公的機関付属の犯罪研究所を利用するのは，専ら捜査機関であり，弁護人側は，民間企業や非営利企業が運営する研究所，大学の研究所を利用することが多い。
(2)　イギリス
　イギリスでは，科学的鑑定が専ら民営化しているのが特徴である。ＤＮＡ型鑑定のデータベース化を契機として，各鑑定機関は，同じデータベースを用いてＤＮＡ型鑑定を行うことができるようになり，互いにサービスを競い合う営利市場が形成されている。警察や弁護人は，企業と契約してＤＮＡ型鑑定や薬毒物鑑定を依頼している。科学的鑑定が民営化しているため，後述する認証制度は，鑑定の正確性確保のために重要なものと位置付けられている。
　なお，営利化される前から主導的な役割を果たし，2005年に政府100％出資企業となったＦＳＳ（Forensic Science Service）は，2012年3月に閉鎖された。報道等によれば多額の赤字を抱えていたようである。営利化のリスクが現実化しており，今後の動向を見守る必要がある。
(3)　ドイツ
　ドイツの各州の州警察に属する州刑事局は，それぞれ科学研究所を有しており，ＤＮＡ型鑑定や薬毒物鑑定などの科学的鑑定については，通常は，この研究所が実施している。他方で，大学の法医学研究所でも科学的鑑定を行っている。捜査官によって収集された資料に関する鑑定は，州刑事局が実施し，大学の法医学研究所に運ばれてきた人体にかかわる液体の鑑定は，法医学研究所が実施するというように分けられている。さらに，連邦内務省に属する連邦刑事局も，科学研究所を有しており，州刑事局と同様にＤＮＡ型鑑定や薬毒物鑑定などの科学的鑑定を実施してい

---

[95]　本項目におけるアメリカ，イギリス，ドイツのＤＮＡ型鑑定を中心にした科学的証拠の状況については，それを調査した最高裁刑事局局付（現東京高裁）伊藤ゆう子判事，同（現東京地裁）中川正隆判事の報告による。

る。弁護人が，再鑑定を行うような場合には，民間の研究所に依頼することが多いという。

2 品質保証という考え方

諸外国では，科学的証拠に対する信頼性を確保する方策の一つとして，科学的証拠を扱う研究機関に一定の資格や認定を受けることを求め，外部的な基準でその品質を保証するという方法が採られることが多い。現在行われているものは，ＤＮＡ型鑑定に関するものが多いが，以下，海外調査等で知り得た範囲でその実情を紹介する。

(1) アメリカ

ア 認証機関

科学的証拠の鑑定に携わる研究所の認証機関として，アメリカで最も規模が大きいのは，ＡＳＣＬＤ／ＬＡＢ（The American Society of Crime Laboratory Directors/Laboratory Accreditation Board）であり，全米のほとんどの公的犯罪研究所の認証を行っている。同機関では，従来独自の認証基準を使用してきたが，2004年から国際的な基準をベースにして策定した「ASCLD/LAB-International Accreditation Program」（研究所等の国際規格であるISO17025に従来のASCLD/LABの基準の要素を付加したもので，従前の基準より一層厳しい基準となっている。）の併用を開始し，2009年にはこの新基準に一本化した。

ＤＮＡ型鑑定を含め，鑑定を実施するのに鑑定機関は特段の認証を受ける必要はなく，裁判における証拠能力の前提要件ともされていない。ただし，公的な犯罪研究所は，研究所の信頼性の確保という観点から，その多くはＡＳＣＬＤ／ＬＡＢの認証を受けている。なお，ＤＮＡ型鑑定に関し，全国レベルのＤＮＡデータベース（ＮＤＩＳ）にＤＮＡプロファイルを登録する研究所は認証を受ける必要がある。

イ 品質保証基準

ＦＢＩ長官により，1998年に，ＤＮＡ型鑑定を行う機関のための品質保証基準（Quality Assurance for Forensic DNA Testing Laboratories）が，1999年には，犯罪者のＤＮＡプロファイルをデータベース化する機関のための品質保証基準（Quality Assurance Standard for Convicted Offender DNA Databasing Laboratories）が，それぞれ発出された（以下，合わせて「ＱＡＳ」という。）。これらの基準は，ＤＮＡ型鑑定に携わる機関が遵守すべき基準を定めたもので，設備，機器の整備・管理，分析官の教育訓練，試料の管理，鑑定手続，報告書，外部監査等について詳細な基準を示し，また，各鑑定機関において，ＱＡＳに沿った内部準則を策定することを求めている。この基準は，しばしば改訂されており，現行版は2011年9月1日に改訂されたものである。ＱＡＳは，鑑定機関に対し法的な拘束力を有するものではないが，ＤＮＡ鑑定法（the DNA Identification Act）の規定により，鑑定機関がＤＮＡ全国データベースであるＮＤＩＳ（National DNA Index System）を利用するためにはＱＡＳを遵守していなければならないと定められている。また，同法は，ＮＤＩＳにＤＮＡプロファイルを登録する鑑定機関は，資格のある認証機関の認証を受けなければならないことを規定しており，現在承認されている認証機関である前記のＡＳＣＬＤ／ＬＡＢ外1社は，Ｄ

ＮＡ鑑定機関の認証や監査の際に，ＱＡＳを判断基準として用いている。そのような事情もあって，全米の公的犯罪研究所においては，ＱＡＳを遵守した運用が行われている。

⑵　ＥＵ

鑑定の正確性を確保するための方策について，ＥＵで議論，検討がなされている。その実務レベルで重要な役割を果たしているのが，ＥＮＦＳＩ（European Network of Forensic Science Institute）というＥＵ各国の科学的鑑定を実施する主要な機関によるネットワークである。ＥＮＦＳＩは，ＤＮＡ型鑑定など様々な科学的鑑定について作業部会を設け，鑑定の正確性を担保する方策を議論し，ガイドラインを策定するなどしている。ＥＵ評議会は，ＥＮＦＳＩの検討結果も参考にしつつ，科学的鑑定に関する決議をしている。その一つとして，2009年に，ＤＮＡ型鑑定については2013年までに，指紋鑑定について2015年までに，鑑定機関が，認証機関（各国１つだけにすべきとされている。）からISO17025（試験所又は校正機関に対する一般的要求事項を規定した国際規格）の認証を受けるべきことを決議している。

⑶　イギリス

　ア　ＵＫＡＳによる認証

イギリスでは，ＤＮＡ型鑑定などは民間企業が行っているが，これらの企業に対するＵＫＡＳ（United Kingdom Accreditation Service。英国における試験，校正，検証，証明などを行う機関が国際規格に達しているかを審査して認証する機関）の認証制度が鑑定の正確性を担保する役割を期待されている。ＤＮＡ型鑑定に関しては，企業は，ＵＫＡＳから認証を受けなければ，ＤＮＡのデータベースであるＮＤＮＡＤ（The National DNA Databese）に分析したＤＮＡプロファイルを登録することができない。

この認証を受けるためには，ISO17025（試験所又は校正機関に対する一般的要求事項を規定した国際規格）の要求事項の他，この分野に特化した追加の要求事項を満たす必要がある。この認証に際し，企業は，ＤＮＡ型鑑定の正確性をテストする監査を毎年受けており，この監査においては，鑑定の手法はもちろんのこと，個人の科学者の能力，さらには企業として組織の一員である個人の科学者の能力をどのように維持しているのかも審査されるようである。

またＵＫＡＳは，2011年から2012年にかけて，犯行現場における捜査に関する認証プログラム（ISO17020：検査機関を対象とする一般的要求事項を規定した国際規格）を試験的に導入する予定である。

　イ　ＦＳＲ（法科学監督官）による枠組みづくり

内務省は，2008年に科学的鑑定の質を確保するための枠組みを策定し，政府や司法に助言する役割としてＦＳＲ（Forensic Science Regulator）を任命した。ＦＳＲは，内務省から資金とスタッフの提供を受けるが，独立した立場で活動する。

ＦＳＲは，証拠の収集から鑑定に至るまでの全ての過程において，

①　携わる企業又は警察の研究所が，ＵＫＡＳからISO17025又は17020の認証を

受けること

　②　これらの研究所やそのスタッフが，ＦＳＲが作成した科学的鑑定の実施・行
　　為規範で求めている要求事項に従うこと

により，鑑定の質を確保しようと考えている。①については，現在，科学的鑑定
を行う企業の多くは，ＵＫＡＳから認証を受けているが，ＦＳＲは，この認証を
犯行現場において証拠の収集を行う警察にも広げようとしており，ＵＫＡＳは，
前述のとおり，ISO17020の認証を導入しようとしている。個人の鑑定人は，
ISO17025の認証を受けないが，ＦＳＲは，認証に代えてＣＰＳ（The Crown
Prosecution Service）による能力検査（Gatekeeper assessment of competence/
compliance）を受けさせることを検討しており②については，現在，その案が示
されている。

⑷　ドイツ

　ドイツにおける認証機関として，ＤＡＫＫＳ（Deutshe Akkreditierungsstelle）
がある。ＤＡＫＫＳは，従前複数存在した認証機関を統合し，2010年1月に発足し
たものであるが，連邦刑事局を初めとして公的な鑑定機関の多くがＤＡＫＫＳの認
証を受けている。ＤＡＫＫＳによる認証に当たっては，システムマネージメント，
警察と独立して鑑定をしていること，適切な教育をしていること，適切な方法で適
切な機関に鑑定を提供していること，検査手法が国際的な基準に従っていること，
証拠の移動・保管を適切に行っていることといった点について監査が行われる。監
査は，ＤＡＫＫＳが依頼した専門家（DNA，薬毒物，解剖学などの専門家だけで
なく，システムマネージメントの専門家も含まれる。）が行うが，ＤＮＡ型鑑定に
ついては研究所内部において鑑定の正確性のテストを行うだけでなく，ＧＥＤＮＡ
Ｐ（German DNA profiling group）という組織が行っているテストも受けており，
内部的にも外部的にもその正確性を担保する方策をとることが求められている。Ｇ
ＥＤＮＡＰのテストに合格した証明書を得なければ，ＤＡＫＫＳによる認証を受け
ることはできない。

3　日本における鑑定機関

⑴　科警研，科捜研を中心とした科学捜査

　日本においては，捜査段階の科学的な鑑定は，警察庁の機関である科学警察研究
所（科警研）と，都道府県警察の機関である科学捜査研究所（科捜研）が主に担当
している。

　科学警察研究所は，鑑定技術の確立，鑑定機材の開発，少年非行の解明，犯罪防
止対策，交通の安全・円滑に関する研究といった科学捜査に関する広範な研究・開
発を行っているほか，都道府県警察から鑑定嘱託を受けたものについては，鑑定・
検査を行い，都道府県警察の鑑定技術職員に対し，専門分野ごとに研修及び指導を
行っている。このように科学警察研究所は，我が国における科学捜査の中核的機関
である。科警研の平成17年度から平成21年度までの運営全般に関して，外部委員に
よる研究開発機関評価委員会が平成22年10月に開催され，その評価結果がホーム
ページに掲載されており，科警研という機関の現状やその課題を考える上で参考に
なる。また，科警研における予算概算要求・要望の重点事項とされた研究課題につ

いても，ホームページに掲載されており，我が国における科学捜査の現状と課題を考える上で参考になる[96]。

　科学捜査研究所は，都道府県警察に設置された鑑定機関であり，まさに科学的捜査の最前線を担う機関といえる。科学捜査研究所における鑑定に当たっては，鑑定を担当する技術職員は科学警察研究所に附置された法科学研修所において，一定の研修を受けなければならない。鑑定員の資格，資料の取扱方法，鑑定方法，鑑定経過の記録化等については，警察庁及び法科学研修所から指導，教養がなされており，鑑定に当たる技術職員は，それを遵守することが求められている。そして特に，ＤＮＡ型鑑定については，その鑑定を実施し，鑑定書を作成するには，科学警察研究所長からＤＮＡ型鑑定資格者としての認定を受けなければならない。また，ＤＮＡ型鑑定の鑑定施設，鑑定方法等についても，警察庁の通達により定められており，これも遵守する必要がある。

(2)　最近の新しい動き

　このような鑑定機関に関する最近の新しい動きの一つとして，大型放射光施設ＳＰring－8で利用促進業務を行っている高輝度光科学研究センター（ＪＡＳＲＩ）が創設したナノ・フォレンシック・サイエンス・グループの取組がある。

　ＳＰring－8は，独立行政法人理化学研究所が所有，運営し，ＪＡＳＲＩにその運転，管理業務を委託している公的な施設である。

　このナノ・フォレンシック・サイエンス・グループは，平成23年12月に設立されたものであるが，同グループは，ナノメートルサイズの放射光を用いて，鑑識・鑑定資料における真実を明らかにすることで，安全・安心な社会を守ることに貢献することを目的として創設されたグループである。具体的には，ナノメートルサイズの放射光を利用することで，極々超微細資料の分析が可能となったことから，様々な資料の種類（繊維，薬物，指紋，ガラス，毛髪，爆発物等）ごとに，どのような放射光分析方法が可能かその方法を研究し，その開発した分析方法について科学的証拠として許容される水準になるよう標準的分析方法を確立し，資料ごとのデータベースを構築し，それを一般に提供していくことを目的としている。

　このように同グループは，具体的事件において鑑定・分析を行うことを目的とした機関ではなく，ユーザーに対し，標準的分析方法や分析の場を提供し，あるいは分析方法の相談，アドバイスといったことを行うことを予定しているもので，同グループの活動成果の利用者は，捜査機関だけでなく，被告人・弁護人，裁判所も含まれている。

　このように，公的機関が，捜査機関から独立した形で，刑事裁判で用いられる科学的証拠の水準を意識した標準的分析方法を開発し，広くその成果を社会に還元するという取組は，大学の研究室での研究を除くと余り例のないことのように思われ

---

[96]　科学警察研究所のホームページ（http://www.nrips.go.jp/jp/）の研究開発評価からみることができる。また，過去数年分の研究成果については，科警研のホームページの「サイトマップ」→「過去の事業評価結果」からみることができる。

る。今後の活動が注目されるところである[*97]。

第2章　ＤＮＡ型鑑定

　各種試料中に含有されるＤＮＡを抽出し，一部の構造を解析して，個体（個人）識別や血縁鑑定，性別や動植物種などの判定を行う鑑定業務を広くＤＮＡ鑑定と呼ぶことができるが，刑事裁判の実務上は，血液，体液，体組織等のヒト由来試料について，ＤＮＡの多型分析によって遺伝学的診断（ＤＮＡ型判定）を行い，個人識別，血縁鑑定，性別判定，人獣鑑別等の資料を得るＤＮＡ型鑑定が主として問題となる。本章では，中でも個人識別に関する科学的証拠としてのＤＮＡ型鑑定を取り上げ，刑事裁判において期待される活用の在り方と課題，今後の展望について検討することとする[*98]。

第1　ＤＮＡ型鑑定とは何か

1　ＤＮＡとは

(1)　ＤＮＡの構造

　　ＤＮＡ（デオキシリボ核酸）は，人間を含めた生物が有する遺伝子の本体と位置付けることができる。

　【図1】　ヒト細胞と染色体

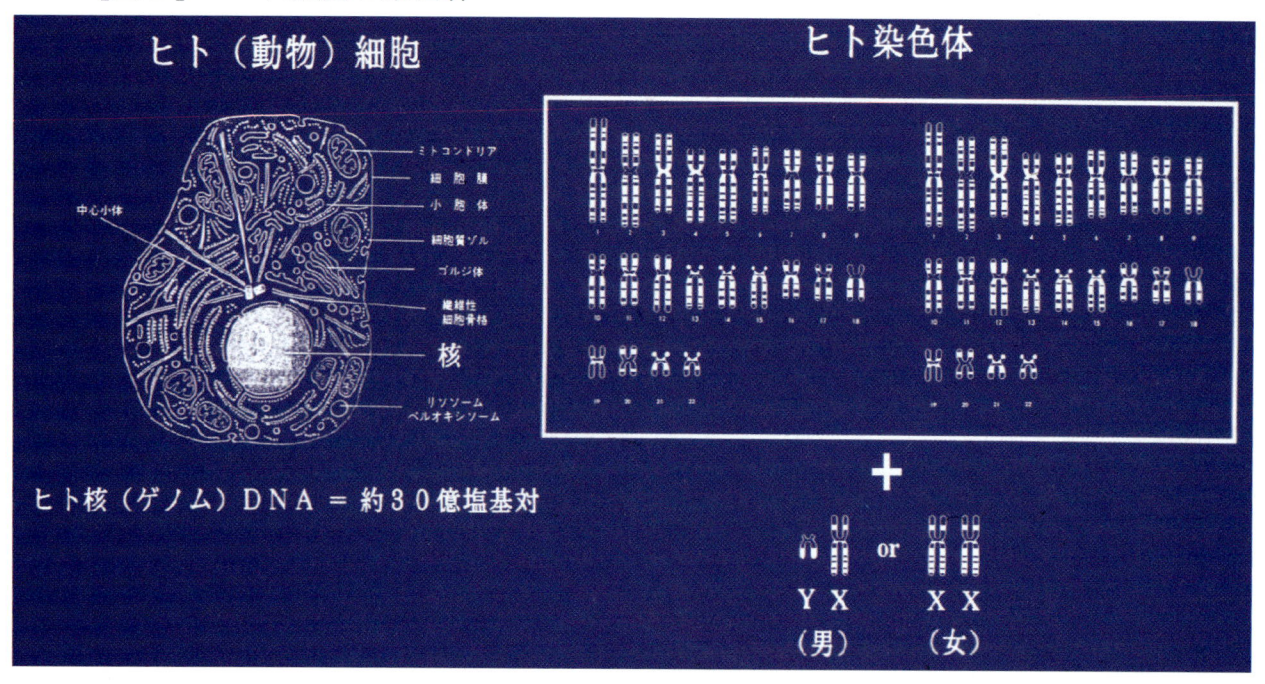

　　すなわち，人間の頭髪，皮膚，臓器等，あらゆる組織は細胞でできているが，個々の細胞の中には核があり，これは染色体の集合体である。ヒトの場合，父親から受け継いだものと母親から受け継いだものと２本が１対となった23対46本の染色体（常染色体22×２本＋性染色体２本（男性ＸＹ，女性ＸＸ））を持っている【図1】。

　　そして，この染色体を更に細かくほぐしていくと，ＤＮＡの二重らせん構造に

＊98　なお，以下「資料」「試料」の語が頻出するが，本稿では，引用等に係る場合を除き，特定の検査を念頭にその検査の対象に供する物件として論ずるときは「試料」，それ以外の場合は「資料」と表記することを原則とした。もっとも，使い分けが微妙又は煩雑な場合もあり，必ずしも統一を期し得ていないことをお断りしておく。

なる。この２本のらせん部分の各１本（一本鎖）は，塩基・糖（デオキシリボース）・リン酸の結合体（ヌクレオチド）が延々とつながることで形成されている【図２】[99]。

【図２】ＤＮＡの形態と構造

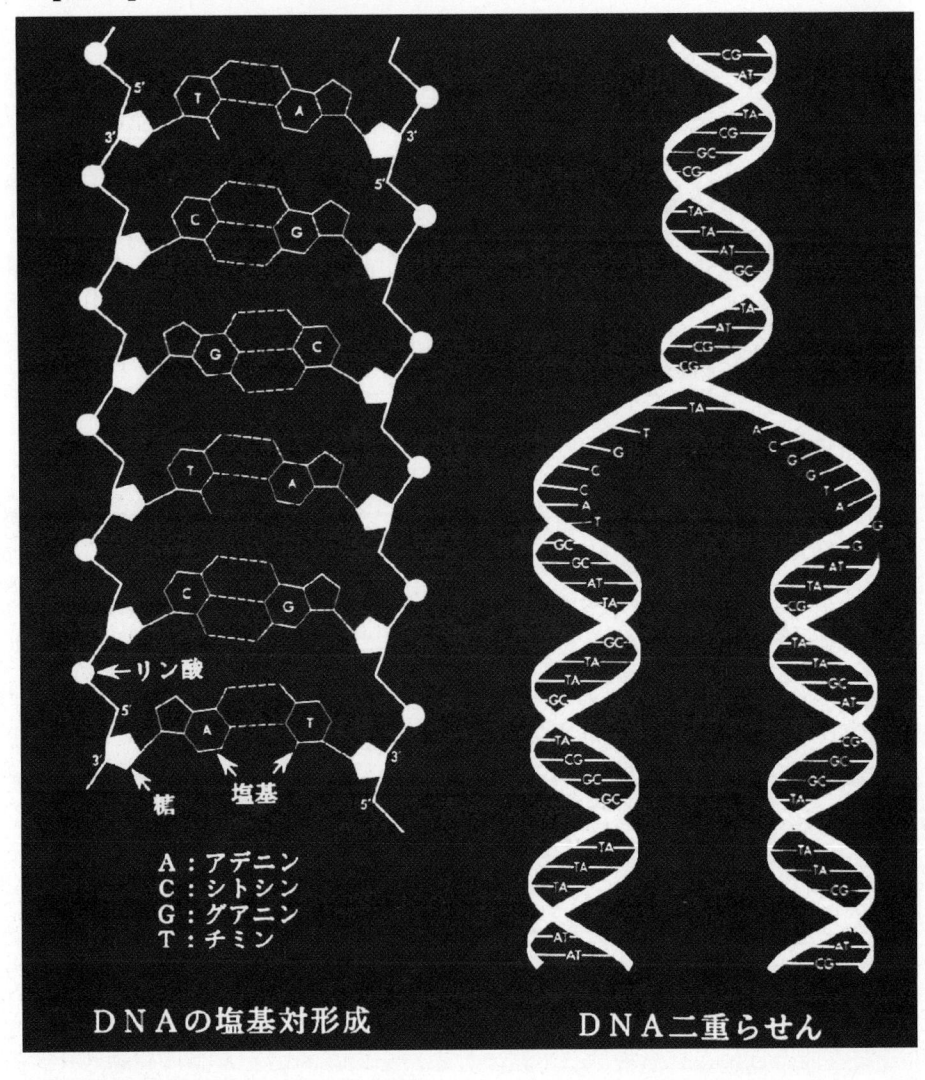

ヒトの場合，この塩基は，アデニン（Ａ），シトシン（Ｃ），グアニン（Ｇ），チミン（Ｔ）の４種類で構成されている。

二重らせん構造（二本鎖，二重鎖）では，各々の一本鎖は向かい合う塩基同士が結合しており，この塩基の結合の仕方には，ＡはＴと，ＧはＣとのみつながるという規則性がある。これを相補的関係という。この相補的な塩基同士の結合の部分を塩基対というが，ヒトの有する46本の染色体を全てつなげていくと，その全長は約30億塩基対に及んでいる。

(2) 塩基の相補的関係と複製

生体では，成長の過程や傷ついた組織の修復などの際に，細胞分裂が起こるが，このときには細胞内でＤＮＡも倍化される。この機能をＤＮＡの複製という【図３】。

その複製のメカニズムをごく簡単に述べれば，二本鎖のＤＮＡが一本鎖に分離し，分離したそれぞれの一本鎖において，５'→３'の方向（前記注99）に，Ｔに対してはＡが，Ａに対してはＴが，Ｇに対してはＣが，Ｃに対してはＧが，そ

---

[99] 各ヌクレオチドは，その核をなすデオキシリボースを構成する５番目の炭素が次のデオキシリボースの３番目の炭素とリン酸を介して結合することから，一本鎖ＤＮＡには，「５'→３'」と表現される方向性がある。

れぞれ結合していくことで，元の細胞のＤＮＡ二本鎖から分離した各一本鎖を鋳型とした，相補的関係に立つ対となるべき他方の鎖が新たに形成されていき【図４】，これにより元のものと同じ２本の二重鎖ＤＮＡが正確に複製されるということになる[100]。

【図３】　ＤＮＡの複製　　　　【図４】　ＤＮＡポリメラーゼによる伸長反応

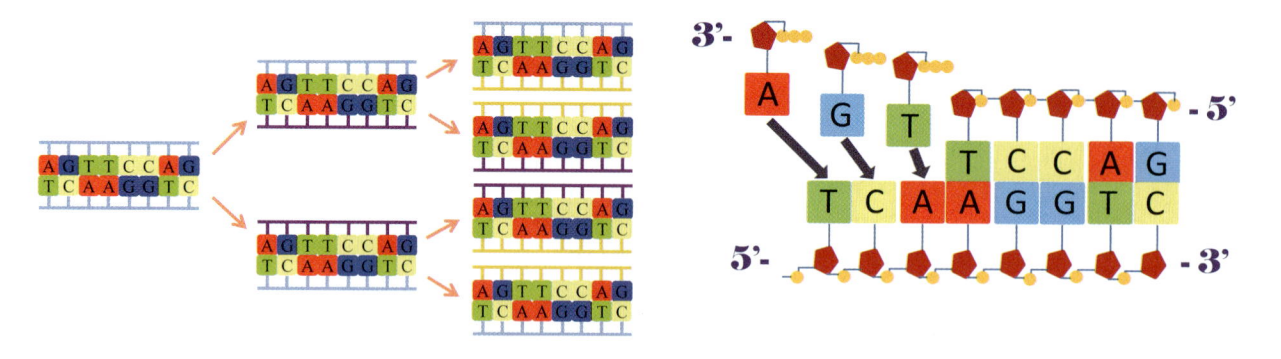

(3)　個体（個人）識別資料としての有効性

　　ヒトの身体の細胞は，（移植されたものを除き）全て１個の受精卵が分裂して増殖したものであるから，どの細胞にあるＤＮＡも，上述のような過程で受精卵のＤＮＡが複製されたものであり，全て同一で，かつ，終生変わらない。

　　前記のように，各染色体は両親から１本ずつ遺伝し，２本１対となるから，染色体上に存在する遺伝子も，父親由来・母親由来の各アリル（allele。父親由来の遺伝子と母親由来の遺伝子とを区別する際の呼称。対立遺伝子）[101]により１対のものとして構成される。

　　他方，ヒトＤＮＡの塩基配列の解析が進み，その配列には，ヒトをヒトたらしめている部分など万人共通の部分と，一卵性双生児のほかは一人として同じもののない個人差のある部分とがあることが明らかになっている[102]。

---

[100] 後述するＰＣＲ法は，いわば，これを化学的に試験管の中で行って鑑定に使おうというものである。すなわち，鑑定の対象となる抽出ＤＮＡ（当初は二本鎖のもの）を人為的に一本鎖に分離させ，そこに塩基のもととなる物質と複製を起こす酵素であるＤＮＡポリメラーゼとを加えて一定条件で反応させると，本文のように，元の一本鎖のＴに対してはＡが，Ａに対してはＴが，Ｇに対してはＣが，Ｃに対してはＧが，というようにそれぞれ結合していって，最終的には，元の一本鎖を鋳型とする相補的な一本鎖ができ上がる。これを繰り返すことで，極微量や損壊の進んだＤＮＡから必要部位を後記２(4)のように指数関数的に増幅して鑑定に用いることができるようになる。

[101] 通常は，本文のような意味におけるアリルで検出されるＤＮＡ型も含めて単に「アリル」と表記するのが一般的であるようだが，本稿では，あえてアリルの型に着目した場合の表記として「アリル型」という表記を用いている。

[102] ヒトのＤＮＡは，ヒトの遺伝に関係する翻訳（コーディング）領域（全体の５％。これを遺伝子という。）と，遺伝に関係しない非翻訳（ノンコーディング）領域（全体の95％）とに分かれる。遺伝子は，タンパク質や酵素の翻訳部分であるエクソンと，介在配列であるイントロンとに分かれる（John M.Butler（福島弘文ほか訳）「ＤＮＡ鑑定とタイピング　遺伝学・データベース・計測技術・データ検証・品質管理」（平成21年）20頁）。ＤＮＡ型鑑定で用いられるＤＮＡ多型領域としては，遺伝子の間の非翻訳領域か，遺伝子内のイントロンにある部位を用いることが多い（遺伝子領域の単一塩基多型に着目したＨＬＡＤＱα型やＰＭ検査は例外である。）。

この個人差のある部分（ＤＮＡ多型領域）に着目して個人識別をしようというのがＤＮＡ型鑑定である。なお，ＤＮＡで構成される染色体上の遺伝子の位置をローカス（遺伝子座，座位）と呼び，後記の各種検査の対象となるＤＮＡ多型領域も，例えば，ＭＣＴ１１８検査の対象領域はＤ１Ｓ８０（第１染色体の第80番領域）などと表記される。

2　ＤＮＡ型鑑定の原理

(1)　ＤＮＡ型鑑定とは

　ヒトゲノムの解析が完了した現在の技術では，個々人の全ＤＮＡ情報を解析することも不可能ではなく，そうすれば一卵性双生児以外は，ほぼ完全な個体識別が可能かもしれない。しかし，究極の個人情報であることに起因する倫理上，法理上の問題のほか，異同識別等に用いられる資料から質的・量的に確実に分析できるだけのＤＮＡが常に得られるわけではないなどの実用上の問題もある。そこで，ＤＮＡを利用した個人識別の技術は，ＤＮＡのうち個人差が大きい部分（ＤＮＡ多型領域）に着目し，その違いをＡＢＯ式に代表される血液型と同じように「型」として捉え，これがメンデルの法則により子孫に遺伝するという生物学的知見のほか，集団内にどの程度の割合で分布するかという出現頻度など統計学的知見を併せて，異同識別に用いようとする考え方が現在の大勢である。

　かくして，一般に「ＤＮＡ鑑定」と呼ばれるが，「ＤＮＡの型判定」という言い方が正しく，その本質は，飽くまでＤＮＡの多型分析によって遺伝学的診断を行うというものである。

(2)　ＤＮＡ型鑑定手法の沿革

　これまで犯罪捜査に利用されてきたＤＮＡ型鑑定の手法としては，ＭＣＴ１１８型検査，ＨＬＡＤＱα型検査，ＴＨＯ１型検査，ＰＭ検査，プロファイラーキットを使用したＳＴＲ型検査，アイデンティファイラーキットを使用する新しいＳＴＲ型検査などがあり，そのほか核遺伝子を対象とするものではないが，ミ

トコンドリアＤＮＡ検査も挙げることができる[103][104][105]。

　これらは後記(5)のとおり，どういう型の違いをどういう方法を使って検出するかという検出方法による分類名称であるが，いずれも後記(4)のＰＣＲ法によるＤ

---

*103 我が国の捜査機関におけるＤＮＡ型鑑定の活用は，平成元年に科警研がＭＣＴ１１８型検査とＨＬＡＤＱα型検査を導入したのが始まりであり，平成４年４月に「ＤＮＡ型鑑定の運用に関する指針」が制定され，上記各検査が科捜研にも順次導入されるようになった。平成８年12月には，より陳旧なＤＮＡ型鑑定試料から型判定が可能な短鎖ＤＮＡ（ＴＨＯ１）型検査及びＰＭ検査を導入し，４種類の検査法で行われるようになった。これら各検査の日本人における出現頻度は，出現頻度が最も高い型の組合せの場合，ＭＣＴ１１８型検査で約16人に１人，ＨＬＡＤＱα型検査で約６人に１人，ＴＨ０１型検査で約５人に１人，ＰＭ検査で約53人に１人であり，これら４種類の検査法を合わせた場合でおよそ２万5000人に１人であった（藤田義彦「ＤＮＡ型鑑定における精度管理〜誤鑑定の防止策〜」犯罪学雑誌77巻５号133頁表１にまとめられており，原典も紹介されている。）。

　その後，平成15年８月には，検査試薬の供給困難からＨＬＡＤＱα型検査及びＰＭ検査を中止し，フラグメントアナライザーと呼ばれる自動分析装置によるＳＴＲ型検査法（９座位）が科捜研に一斉導入され（ＴＨ０１型検査は，この中に組み込まれた。），これに併せて前記指針も全面改訂された。

　さらに，平成18年10月には，後出のアイデンティファイラーキットを導入したＳＴＲ型検査法が導入され，15座位のＤＮＡ型とアメロゲニン座位によるＤＮＡ型鑑定が可能となった。

　このような中で，平成22年10月，ＤＮＡ型鑑定資料及び鑑定書等をより一層適切に取り扱い，将来の公判等における鑑定結果の信頼性を確保するため，全国の警察署に冷凍庫を整備することに合わせて，前記指針は，再度改正されている。

　また，この間の平成17年８月には，「ＤＮＡ型記録取扱規則」（平成17年国家公安委員会規則15号）及び「ＤＮＡ型記録取扱細則」（平成17年警察庁訓令８号）が制定され，被疑者の身体から採取された資料や犯罪現場等に被疑者が遺留したと認められる資料のＤＮＡ型記録を組織的に作成，管理するＤＮＡ型データベースの運用が開始された。後述のとおり，上記「ＤＮＡ型記録取扱規則」及び「ＤＮＡ型記録取扱細則」は，いずれも平成23年に改正されている。

*104 なお，ＤＮＡ型鑑定の嚆矢としてＤＮＡフィンガープリント法を紹介しておく。

　ＤＮＡフィンガープリント法（フィンガープリントとは指紋のこと）は，1985年に，イギリスの分子生物学者アレック・ジェフリーズが発表した論文に端を発する方法で，ミニサテライトとも呼ばれた。

　これは，電気泳動によってバーコードのように描出される多数のバンドを利用して，親子関係や個人識別に用いようとしたものであるが，現在では，ほとんど使われなくなっている。

　その理由はいろいろあるが，まず，フィンガープリント法を実施するには，マイクログラム（100万分の１グラム）レベルの多量のＤＮＡが必要とされる。新鮮な血液が１ccあれば数十〜数百マイクログラムのＤＮＡが抽出できるが，例えば毛根のＤＮＡの場合，その量はマイクログラムの1000分の１であるナノグラムとか，その更に1000分の１であるピコグラムのレベルであり，フィンガープリント法では検出できない。また，フィンガープリント法では，かなり長いＤＮＡが必要とされるが，ＤＮＡは，時間の経過や保存環境により劣化し断片化（フラグメンテーション）して細切れになっていく。さらに，一番致命的だったのが，バンドの意味づけの問題，すなわち，それぞれのバンドが，どこの染色体のどの遺伝子のものか分からず，いわば住所不明のものを信用するわけにはいかないと考えられた。そのほかに，再現性や突然変異の問題もあった。

*105 本文に記したもののほか，病理・薬理の方面で関心を集めている，ヒトゲノム中に多数存在する特定位置における個人間での一塩基配列の違い（一塩基多型　ＳＮＰｓ）を，多数の座位について集積することで法医学領域における個人識別に応用する研究も進められている。

ＮＡ増幅を基本としている。また，そのはやり廃りは，必ずしも理論上の欠陥によるものではなく，検査としての適性ないし利便性によるものであることを理解すべきである。

① リバース・ドット・ブロット法による単一塩基多型（ＳＮＰｓ）の検出
　　ＨＬＡＤＱα型検査，ＰＭ検査
② 電気泳動法によるＶＮＴＲ（直列型反復配列）領域の多型の検出
　　ＭＣＴ１１８型検査，ＳＴＲ型検査，その一種であるＴＨ０１型検査
③ 塩基配列決定法による単一塩基多型の検出
　　ミトコンドリアＤＮＡ検査

(3) ＤＮＡ抽出法

型判定の前提として，細胞からＤＮＡを取り出すことが必要である。

旧来の方法として，フェノール・クロロホルム抽出という方法がある。細胞を一定濃度の塩化物を加えた蒸留水に溶かし込み，いずれも有機溶媒の一種であるフェノールとクロロホルムを加えて撹拌すると，細胞膜や核膜などのタンパク成分が溶解する。次に，遠心分離器にかけて，溶解した細胞膜等の不純物を除去し，これに一定濃度のエチルアルコールを加えて急速に冷却する（－30℃～－80℃）。そうすると，ＤＮＡの分子が固まりのようになって液中に析出してくるので，これを遠心分離器にかけて沈殿物を回収することで，ＤＮＡを得ることができる。

最近では，簡便かつ短時間にＤＮＡが抽出できるキットが製品化されており，またオートメーション化も進んでいることから，一度に多量の試料を並行して処理することも可能になっている。

(4) ＰＣＲ（Polymerase Chain Reaction）法

前記1(2)の複製は，ＤＮＡポリメラーゼ（ポリメレース）の酵素反応として我々の生体の中で行われているが，ＰＣＲは，この複製を人工的に行って，2倍，4倍，8倍と指数関数的にＤＮＡを増幅させる手法である。

具体的には以下のような方法でＤＮＡが増幅される。

① 既知のＤＮＡ塩基配列の中から，どの部分をターゲットにして増幅させるかを特定する。これが後記(5)に掲げた検査方法における，検査を行うべき部分に当たる。
② ①で特定した両端に相当する部分（20ないし30塩基対分）に対応する1組のＤＮＡ（一本鎖）を人工的に機械で合成する。この人工ＤＮＡをオリゴヌクレオチドプライマー（以下プライマー）という。【図5】

【図5】増幅対象部分とプライマー

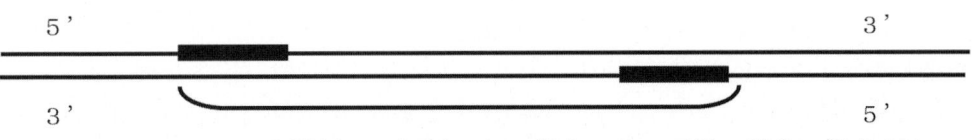

この部分のＤＮＡを増幅して解析したい場合，その両端の部分に相当する
20～30塩基ほどの短いＤＮＡ断片（プライマー）を作製（化学合成）する

③ ＤＮＡ，プライマー，塩基（Ａ，Ｇ，Ｃ，Ｔ）のもととなる物質（デオキシ
ＮＴＰ（dNTP））を混ぜ合わせ，これに耐熱性のＤＮＡポリメラーゼ（温泉
の中でも生存できる菌から抽出したもの）を加える。
④ 温度を95℃に上げると，二本鎖のＤＮＡが２本の一本鎖に分離する。
⑤ 温度を40〜60℃に下げると，プライマーが，一本鎖となった１対のＤＮＡの
30億塩基対の中から自己の塩基配列と相補的な部分に結合する。
⑥ 温度を72〜74℃に上げると，ＤＮＡポリメラーゼの反応が始まり，⑤で結合
したプライマーを足掛かりに，各一本鎖に相補的な塩基が5'→3'の方向（前
記注99及び【図４】参照）に順次結合して伸びていく。
この④から⑥の過程を図示すると【図６】のとおりである。

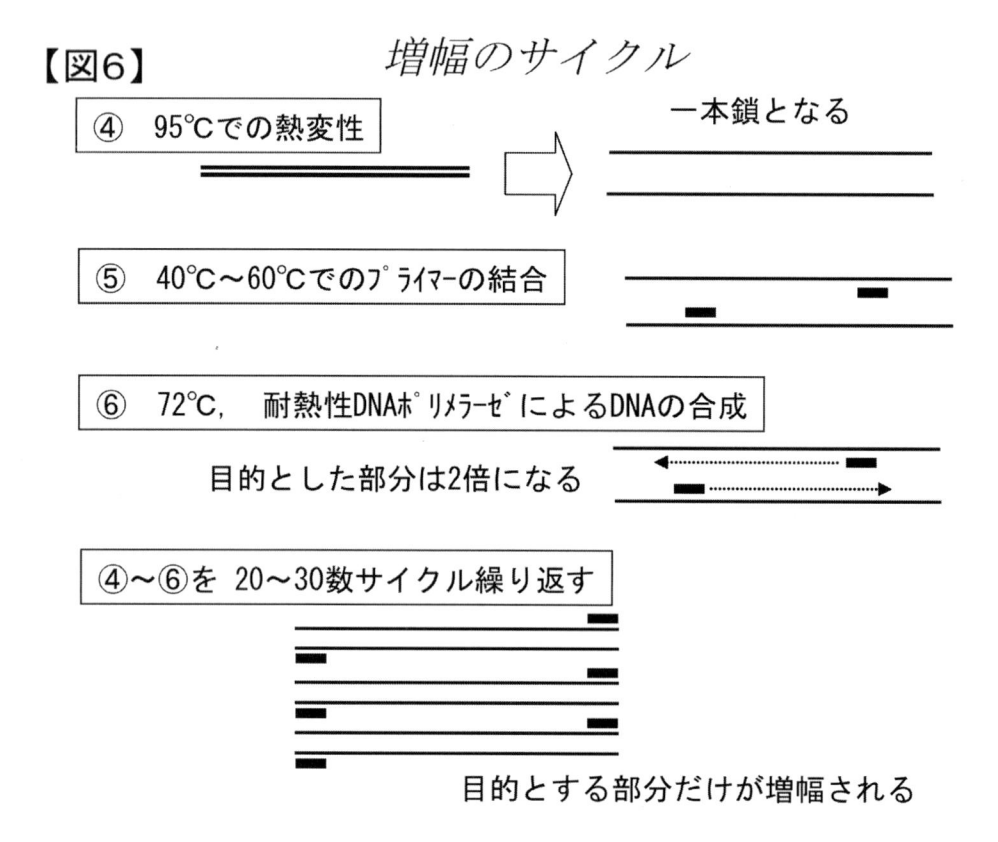

【図６】 増幅のサイクル

以上が，１回のＰＣＲ（１サイクル）であり，通常これを二十数回から三十数
回行って，上述の二つのプライマーに挟まれた①の特定部位のみを，理論的には，
２の反復回数乗倍近く[106]に増幅させる。これにより，ナノグラムレベル又はピ
コグラムレベルのＤＮＡからでも型判定に必要な量のサンプル[107]を獲得できる

---

[106] 厳密には，標的部分として切り出されるＤＮＡの数は$2^n - n - 1$（n＝反復回数）倍となる。
[107] 実際にはサイクル数が多くなってくると増幅効率が低くなってくるため，順調に増幅された場合で
も，30回ほどのサイクル数を経たからといって２の30乗（約10億）倍まで増えるわけではなく，元
の数十万倍程度（玉木敬二「ヒトＤＮＡ鑑定の現状と課題」ＤＮＡ鑑定３巻７頁（平成23年））とか，
数百万倍程度（赤根敦「ＤＮＡ鑑定は万能か　その可能性と限界に迫る」（化学同人，平成22年）76頁）
までしかＤＮＡ量は増幅されないという。

ことになる。

　これらのプロセスのうち④から⑥は，サーマルサイクラーという機械によって自動的に行われ，1サイクルにかかる時間はせいぜい1〜2分ほどで，トータルでも1時間前後である。

(5)　ＤＮＡ型鑑定の検出方法別分類

ア　リバース・ドット・ブロット法による単一塩基多型の検出

　代表的なものがＨＬＡＤＱα型検査[*108]とＰＭ検査[*109]である。いずれの検査法も，特定の型と反応する標識試薬（プローブ）の発色によって型判定をするものであるが，現在では検査キットが発売中止となったので，全く使用されておらず，今後の新しい鑑定手法として出てくることもあり得ない。

イ　電気泳動法による反復配列多型の検出

　この検査法として，ＭＣＴ118型検査，ＳＴＲ型検査（ＴＨ01型検査を含む。）が挙げられる。

　ヒトのＤＮＡ中の塩基配列を調べていくと，ＡＡＴＧとかＴＣＴＡといったある特定の塩基の配列が何度も繰り返して出現する箇所（直列型反復配列又は縦列反復配列）がある。このような反復配列をミニサテライト又はＶＮＴＲ（Variable Number of Tandem Repeat）と呼び，中でも反復の基本単位が2〜5塩基と短いものをマイクロサテライト又はＳＴＲ（Short Tandem Repeat）という。そして，これら反復配列の多くでは，その繰り返しの回数が人によって10回だったり15回だったりする，という具合に多型性がある。また，この繰り返しの回数はメンデルの法則にのっとって遺伝し，例えば，母親が5回繰り返しと10回繰り返しを持っており，父親が6回繰り返しと11回繰り返しを持っている場合，その子は母親から5回繰り返し又は10回繰り返しの一方を，父親から6回繰り返し又は11回繰り返しの一方（合わせて2種類の繰り返し）

---

*108　ＨＬＡＤＱα型検査

　ＨＬＡとは，ヒト白血球に代表される抗原のことである。

　ＨＬＡは，まず基本的な型として，Ａ，Ｂ，Ｃ，ＤＲ，ＤＱの5タイプに分けられ，更にサブタイプとして，5種のタイプごとに多数の遺伝子型を持っている。したがって，Ａは何型，Ｂは何型，Ｃは何型というように全部組み合わせていくと，最低でも数百人，珍しい型になる数万人，数十万人に1人ということになる。ＨＬＡＤＱα型検査では，ＤＱのサブタイプであるＤＱ1.1，1.2，1.3，2，3，4の6種類のサブタイプに着目し，両親から1つずつのサブタイプを受け継ぐわけであるから，組合せとしては21通りとなり，ヒトを21のタイプに分けることができる。

　この検査は，対象となるＤＮＡのうちＨＬＡＤＱαの部分をＰＣＲ法で増幅し，これを一本鎖にして，これが，1〜2個の塩基をずらした種々のプローブ（別の一本鎖のＤＮＡ）のどれと結合するか，言い換えれば相補的な関係がどのプローブと一致するかを見ている。したがって，かなり限定された部分の1〜2個の塩基の違いを検出する方法ということになる。

*109　ＰＭ（Poly Marker）検査

　これは，全く関係のない5種類の遺伝子（ＬＤＬＲ，ＧＹＰＡ，ＨＢＧＧ，ＧＣ，Ｄ7Ｓ8）の塩基配列の違いに着目して，それぞれ2〜3のタイプに分けられるので，それらの組合せによって，確率計算に載せていく検査である。原理，方法はＨＬＡＤＱα型検査と全く同じである。

を受け継ぐといった具合である。

　この反復配列の前後の塩基配列は全てのヒトに共通するので，この前後の部分に対応するプライマーを設定し，ＰＣＲを行うと，繰り返しの多い人と少ない人では，増幅されたＤＮＡ部位の鎖長すなわち分子量に違いが出てくる。そこで，増幅されたＤＮＡを電気泳動にかけると，分子量（大きさ）の違いによってバンド状に分離される【図7】。反復配列の繰り返し回数の違い（鎖長多型）を，電気泳動における分子量の違いとして分離同定するというのが，これらの検査法の原理である。

【図7】ＶＮＴＲ多型泳動像のシェーマ（ＭＣＴ１１８座位）

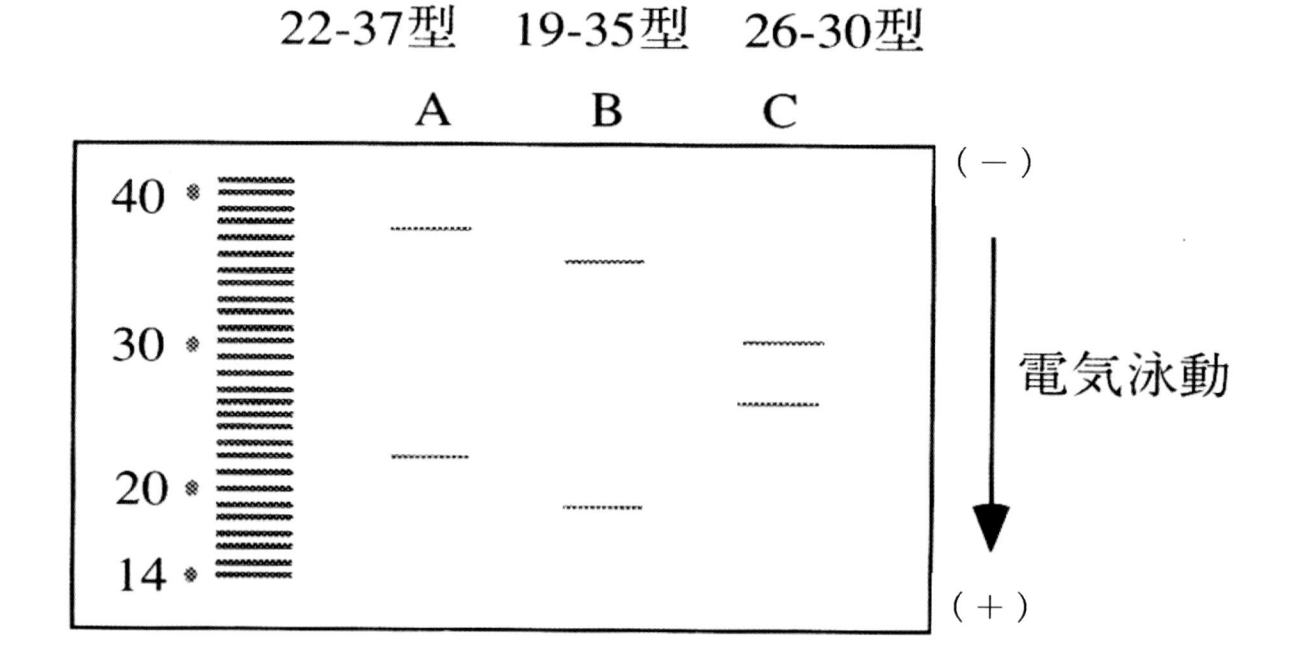

繰り返し回数の違いにより増幅産物の分子量が違ってくる（ＭＣＴ１１８座位では，繰り返しが１回増えるごとに16塩基分大きくなる）

　なお，電気泳動の方法としては，当初（例えば開発当初のＭＣＴ１１８型検査など）は，板状のゲルの上に，検体のＰＣＲ産物と，目安となる分子サイズのマーカー（123塩基対若しくは100塩基対の整数倍のＤＮＡ断片の混合液である123ラダーマーカーや100ラダーマーカー）とを同時に電気泳動させ，マーカーのバンドと，検体のＰＣＲ産物のバンドとを比較対照して型判定を行うという方法が用いられていた。しかし，電気泳動にポリアクリルアミドゲルを用いた場合にＤＮＡ断片の長さと泳動距離とが単純に相関しないことなどが後に判明し，既知の全ての型のＤＮＡ断片を混合したアレリックラダーマーカーが用いられるようになった。

　そして，現在では，精度が非常に高く検出・解析まで自動化されたキャピラリー電気泳動により分析が行われている。ＤＮＡ型鑑定で用いられるキャピラ

リー電気泳動は，キャピラリー（ごく細い毛細管）内にゲル様の環境を形成し，その抵抗により小さい分子ほど速く移動できる分子ふるい効果を用いて，分子サイズによる分離を行う分析方法である。反復配列ごとの反復数の違いによるサイズの違いを，分子サイズの小さな順から検出窓に到達する泳動時間の違いとして検出し，これを専用のコンピュータソフトで解析することにより，その結果がエレクトロフェログラム（ピークが示されたグラフ）に示されるとともに，ソフトが識別した型も示される，というものである。

【図8】　エレクトロフェログラムの例

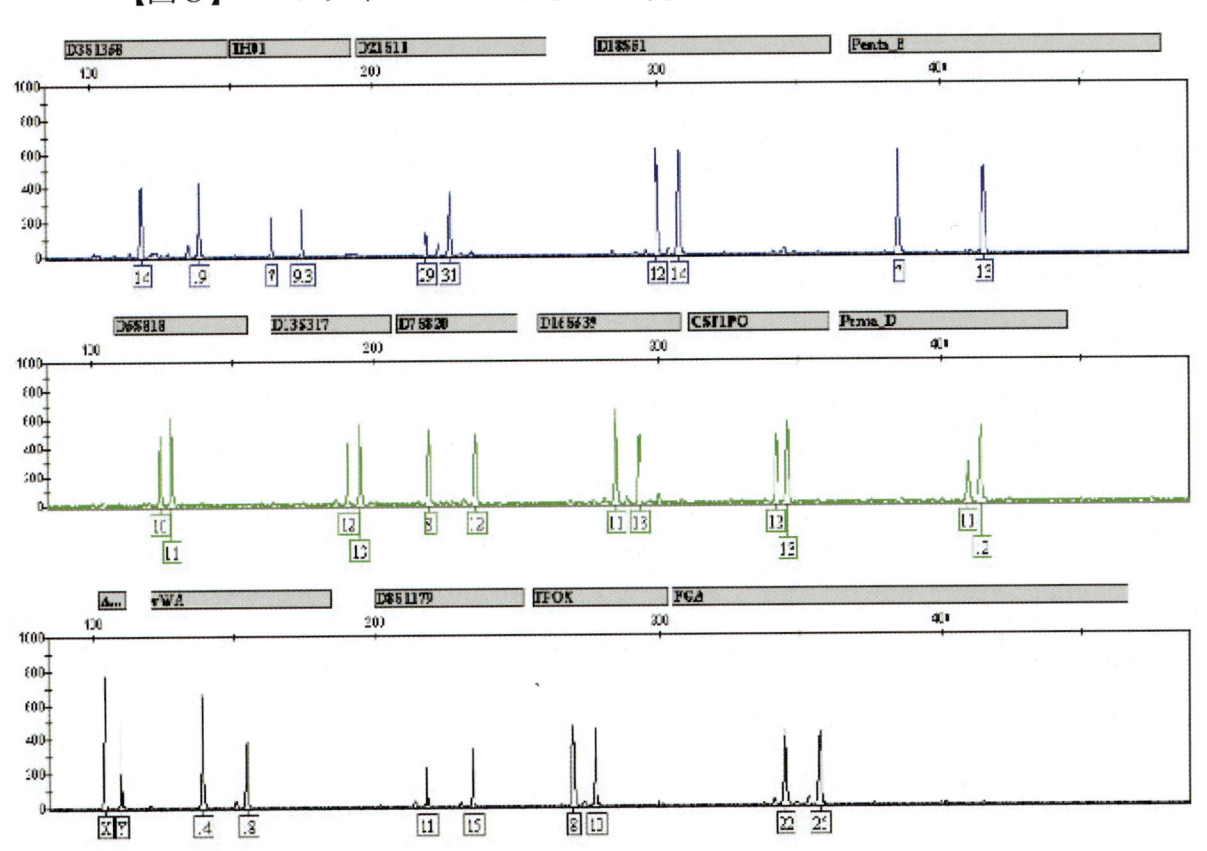

(ア)　ＭＣＴ１１８型検査

　科警研の開発した別名「科警研方式」である。

　ヒトの46本の染色体のうち第一染色体の短腕部（Ｄ１Ｓ８０）に存在するＭＣＴ１１８領域は，基本的な塩基配列の単位が16塩基対であり，これが人によって12〜47回（以前は14〜42回とされていた。）反復している。このＶＮＴＲの前後の塩基配列は全てのヒトに共通するので，この前後の部分に対応するプライマーを設定し，ＰＣＲを行うと，繰り返しの多い人と少ない人では，増幅されたＤＮＡの分子量に違いが出てくる。そこで，増幅されたＤＮＡを電気泳動にかけると，分子量の違いによって分離される。ＶＮＴＲの繰り返し回数の違いを，電気泳動における分子量の違いとして分離同定するというのが，この検査法の原理である（前掲【図7】参照）。

MCT118のVNTRは，単一ローカスとしては多型性に富み（14〜42回の29のアリル型を前提としても，435通りに分類できるところ，例えば後述のTH01座位では，アリル型は7つで28通りの分類にとどまる。），後述するSTR中の1座位と比較して識別力が高い[110]という顕著な利点がある一方，基本が16塩基対のため，長いもので40回以上の繰り返し，すなわち600塩基対を超える長さとなり，刑事鑑定では珍しくない断片化したDNA（通常は200〜300塩基対のレベルにまで分解していることが多い。）に対しては，PCRによって増幅することが不可能で，対応できないという問題点があった。

㈦　STR型検査

　　この検査法は，Short Tandem Repeat（略してSTR），すなわち，種々の反復配列のうち，2〜5個の短い塩基対を基本単位として，その繰り返し回数の多型性を見るもので，その原理はMCT118型検査と同様である。刑事鑑定で主として用いられるのは4塩基（例えば，TCTAなど）を基本単位とするものである[111]。

　　4塩基のSTRでは多くても10数回の繰り返しにとどまるのが大部分である。そうすると，最も長いものでも50〜60塩基対であり，これにプライマーの領域などを加えても，百数十塩基対を増幅できればSTRを検出できるので，200〜300塩基対に断片化したDNAにも対応できる。

　　もっとも，一つ一つのSTRの持つ情報量は限られている（繰り返しバリエーションは数種類から十数種類）。そこで，異なる複数の座位のSTRの型について同時に検査を行い（マルチプレックスSTR型検査），それぞれの検査結果を掛け合わせることで，難点を克服している。

　　そのための検査キットが，9座位を同時に検査するアンフルスタープロファイラー検査キット[112]（以下「プロファイラーキット」という。）や，その後継製品で15座位を同時に検査するアンフルスターアイデンティファイラー検査キット[113]（以下，「アイデンティファイラーキット」という。）との

---

*110 多型性のゆえに，2人の者を検査した場合，DNA型が偶然に同じになる確率は極めて小さく，約98パーセントの確率で二者を識別することが可能である（赤根・前掲注107）95頁。なお，同書96頁には，それでも偶然一致が身近に起こった例が紹介されており，単一座位のみの一致で同一性識別することの危険性にも言及されている。）。

*111 PCRの副反応として，複製したDNA断片の3′末端にヌクレオチド（多くはA（アデニン））が1個余分に付く塩基付加現象（アデニン付加現象）が起こることがある。4塩基を基本単位とするものであれば，そのような副産物が混じっても識別が容易である。赤根・前掲注107）98〜99頁参照。

*112 アプライドバイオシステムズ社製。9つの多型性座位（D3S1358，vWA，FGA，TH01，TPOX，CSF1PO，D5S818，D13S317，D7S820）と性染色体上のアメロゲニンを指標とする。

*113 同じくアプライドバイオシステムズ社製。プロファイラーキットの9座位に6座位（D8S1179，D21S11，D16S539，D2S1338，D19S43，D18S51）を加えた合計15の多型性座位とアメロゲニン1座位を指標とする。

名称で商品化されているもの*114 であり，これによって増幅させたＤＮＡを，キャピラリー電気泳動にかけてピークを機械で読み取り，コンピュータ解析を行うという，オートメーション化された方法になっている（詳細は後記）。

　また，検出座位はアイデンティファイラーキット中の８座位と同じであるが,増幅領域を更に短く設定した（断片化の検出性を高めた）アンフルスターミニファイラー検査キット*115 （以下「ミニファイラーキット」という。）と称するものも販売されており，科警研では断片化の進んだ資料につき鑑定に用い始めている。

　その他，性染色体であるＹ染色体上の16座位のＳＴＲの型判定をするＹファイラー検査*116 も，検査原理はアイデンティファイラー検査と全く同様である*117。

㈦　ＴＨＯ１型検査

　この検査法は，ＳＴＲ型検査で最初に用いられた座位がＴＨＯ１という座位で，その１座位のみをターゲットとしたものであって，ＳＴＲ型検査の一種ということになる。プロファイラーキット，アイデンティファイラーキッ

---

*114 アプライドバイオシステムズ社は，プロメガ社とともにアメリカでのＤＮＡ型鑑定キット市場の大半を占める会社であり，アイデンティファイラーキットは，その代表的キットである。日本の警察では採用されていないが，プロメガ社の代表的ＳＴＲキットである「パワープレックス１６」もＤＮＡ型鑑定では広く利用されている。

*115 同じくアプライドバイオシステムズ社製。注113）のアイデンティファイラーキットの対象座位のうち８座位（D13S317，D7S820，D2S1338，D21S11，D16S539，D18S51，CSF1PO，FGA）とアメロゲニン型を指標とするものであるが，上記括弧内の下線を付した座位以外は，プロファイラーキット中の９座位と重なるわけではない。

*116 Ｙ－ＳＴＲの検査の市販キット名であり，アプライドバイシステムズ社の「アンフルスター・ワイファイラー（AmpFlSTR Yfiler）」検査キットのことである。他にプロメガ社の「パワーフレックスＹ（PowerPlex Y）」検査キットも市販されている。

　性染色体はＸとＹとの間でほとんど組替えが起こらず，Ｙ染色体のＤＮＡは，そっくり父親から息子に伝えられる。アリル型がそっくりそのまま父親から子に伝えられる遺伝子を，一般にハプロタイプ（haplotype）遺伝子と呼んでいる。父親のＹ染色体のあちこちの座位に乗っている様々なＳＴＲ型は連なって子に伝わる。これをＹ－ＳＴＲsハプロタイプ型と呼び，反復数，ＤＮＡ型の数字を連番式に並べたもので表現される。Ｙファイラー検査は，このようなＹ染色体上16座位のＳＴＲ型を検査するものである。父系の血縁関係を中心とした男性の個人識別や性犯罪の捜査などに有用であるとされる。

*117 当然のことながら，Ｙファイラー検査の各座位の型は連鎖しているので，座位ごとの独立した頻度計算をしてはならず，16座位の型判定の結果をひとつのハプロタイプとして，出現頻度を見ることになる。科警研で1079人を対象にＹ－ＳＴＲ型の調査を行ったところ，950の型が観察され，そのうち886種類の型が１人だけしか認められない型であった一方，22人が同一の型を示したことが報告されている（Natsuko Mizunoほか　16 Y chromosomal STR haplotypes in Japanese （Forensic Science International　Volume 174, Issue 1，Pages 71-76））。多型性があることは明らかであるが，どの程度の識別力を有するかについての統計学的な解釈は，まだ得られていないといえよう。なお, 田辺泰弘・「ＤＮＡ型鑑定について」研修720号（平成20年）61頁参照。

トには検出座位として取り込まれている。

　⑶　アメロゲニン遺伝子の多型の検出

　　この検査は，前述したＳＴＲ型検査の検査キットの中に組み込まれている
ものだが，ＳＴＲ型検査とは別物で，Ｘ染色体とＹ染色体に載っているアメ
ロゲニンＤＮＡの大きさの違いに着目して性別判定を行うものである。アメ
ロゲニンの両端の塩基配列は同じであるので，同一のプライマーでＰＣＲ増
幅し，電気泳動を行い，ＸとＹの両方のバンドが出てくれば男，Ｘのバンド
だけなら女と判定できる。

　ウ　塩基配列決定法による単一塩基多型の検出－ミトコンドリアＤＮＡ検査

　　この検査法は，細胞の核の中のＤＮＡを利用するのとは異なり，細胞の中で
も核の外側にあるミトコンドリアの独自のＤＮＡを利用する検査である。ミト
コンドリアＤＮＡは約１万6500塩基対からなる環状のものだが，そのＤループ
と呼ばれる部位にある高変異領域（HVR：Hypervariable region）は，個人に
よって一部分が欠失していたり，塩基配列が異なっていたりするため，多型性
に富んでおり，個人識別を行うことができる。つまり，いずれもサイズの比較
としての多型に着目した前記イの各検査と異なり，ミトコンドリアＤＮＡ検査
は，塩基配列そのものの違いを検出するものである。

　　ミトコンドリアはひとつの細胞内に数百から千以上も存在している小器官で
あり，そのためミトコンドリアＤＮＡは１細胞当たりのコピー数が多く，核Ｄ
ＮＡに比べて微量な資料や高度に変性した資料からの検出効率が高い。また，
その一大特徴は母系遺伝形式をとることであり，母系統を鑑定する上で役立つ
指標となる。

　　【図9】ミトコンドリアとミトコンドリアＤＮＡ

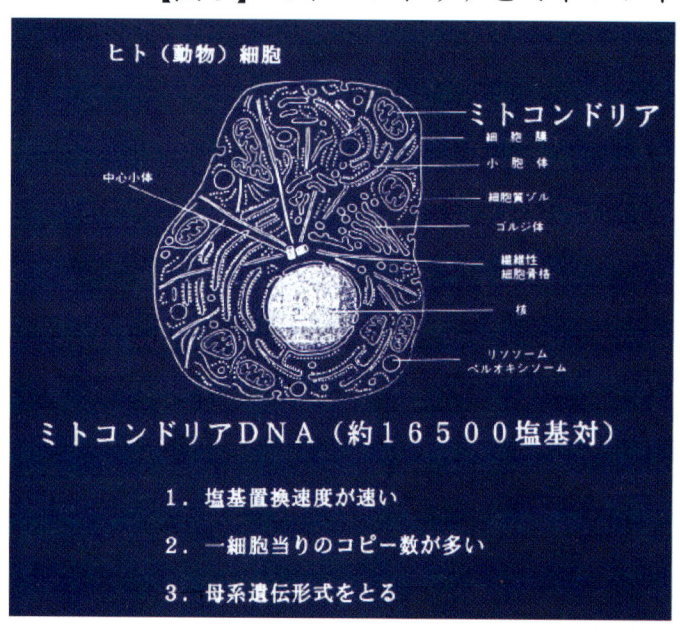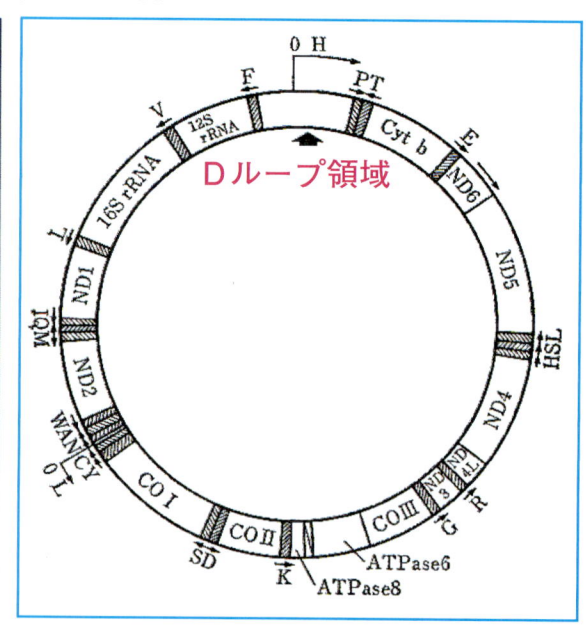

3 個人識別と出現頻度
(1) 出現頻度の考え方

　ある個人，あるいは，現場資料に含まれるヒト由来組織のＤＮＡ型を鑑定することは，結局，これらを対比して個人識別（異同識別）をすることを目的としている。

　しかし，以上に述べた検査法は，いずれもＤＮＡ多型領域である特定座位の塩基配列の違い（配列多型）又は反復配列の繰り返し回数の違い（鎖長多型）に着目するものであるが，個々の座位のアリル型の数は10前後から多くても30前後であり，血液型と同様，同じ型を持つ者が集団内に多数いることは所与の前提となる。そこでは，型が違う場合には，そのことから直ちに別人である，ということが断言できるが，型が同じである場合には，同一人である可能性がある（同一人であることが排除されない）といえるだけである。

　もっとも，個々の座位のアリル型による識別能力は高くなくとも，異なる座位の複数の型を組み合わせることで，それら多数の型の一致が偶然に起こる確率は飛躍的に低くなっていく。例えば，Ａという座位で特定の型の出現頻度が10人に１人で，Ｂという座位で特定の型の出現頻度が20人に１人で，かつ，これが相互に独立であるとすると，この２つの座位の同一ＤＮＡ型を持つ人の出現頻度は200人に１人となるというように，出現の確率が低くなる。これを更にＣという座位，Ｄという座位というように，多数の座位における型の出現頻度を積み重ねていけば，全ての座位で型が偶然一致する確率はどんどん希少になっていき，その結果，同一人である蓋然性が高まるという意味で，個人識別の精度が上がることになる。

　そこで，特定の座位のアリル型が集団の中でどの程度の割合で出現するか（出現頻度）を，ある集団（例えば日本人）の中から抽出された統計上有意な規模のサンプルを対象として検査を行って，その結果から統計的に導き，これを遺伝上独立していることが確認されている別の座位のアリル型の出現頻度と掛け合わせ[118] ていけば，型が合致する座位が多い分だけ，出現頻度が希少となっていき，その集団の中で他に合致する型の持ち主は確率論的に考えにくくなり，同一人の

---

[118] ２つの事象が互いに独立であれば，その確率は掛け合わせることができる，という確率論における積の法則が妥当することが前提である。

ものであるという推定が可能になる[119]。

⑵　ＳＴＲ型検査における出現頻度

　ア　現在，各都道府県警の科捜研で行われるＤＮＡ型鑑定で用いられているアイデンティファイラーキットによるＳＴＲ15座位については，相互に関連ないし連鎖し合わず，独立したものであることが承認されている。

　　そして，捜査機関では，科警研所属の研究者らが行った，無作為に抽出した日本人1350人のＤＮＡ型から15座位の型をサンプル調査し，それぞれの座位の出現頻度を算出したデータ[120][121]が用いられることが多い。

　イ　上記サンプル調査の結果によれば，例えば，次のような架空の設例では，次表のように出現頻度を求めることになる。

＊119　同一性の確からしさの指標としては，偶然の一致率（matching probability），尤度比（likelihood ratio）などが用いられる。

　　ここでは，アリル型の出現頻度は，まさに無関係の他人と型が偶然に一致する確率を示すものである。

　　また，この型が判明したことにより集団中のどれだけの割合の者が候補者として否定できるかを示すのが排除率（exclusion ratio又はProbability of exclution: PE）であり，｛1－（偶然の一致率）｝すなわち｛1－（出現頻度）｝で表される。

　　そして，尤度比とは，観察された現象が互いに排反な仮説のどちらによるものと考えた方がどの程度もっともらしいかをオッズで示す値であるが，例えばある現場血痕の型がある被疑者の型と一致した場合，互いに排反する仮説は

　　H_0：その血痕はその被疑者のものである。

　　H_1：その血痕は被疑者とは無関係である。

　　の両者であり，それぞれ導かれるべき確率P（H_0）；P（H_1）は，

　　$P(H_0)$：血痕がその被疑者のものである場合に血痕の型が被疑者の型と一致する確率

　　$P(H_1)$：その血痕は被疑者とは無関係である場合に血痕の型が被疑者の型と偶然一致する確率

　　となる。尤度比はこの両者の比　P（H_0）／P（H_1）で表される。この場合，P（H_0）は当然1であり，P（H_1）は偶然の一致率に等しいので，尤度比は

　　尤度比＝1／偶然の一致率＝1／（1－（排除率））

　　となり，偶然の一致率の逆数と等しくなる。

　　このように候補者自身の対照試料を用いた個人識別においては，偶然の一致率，排除率，尤度比は互いに一つから他を導出することが可能であって，それらの情報量は等しい。

　　以上につき青木康博「ＤＮＡ鑑定による法医学的個人識別の確率・統計学的背景」岩手医学雑誌54巻（平成14年）2号85頁以下。

＊120　吉田日南子ほか　Allele Frequencies of 15 Loci using AmpFlSTR Identifiler Kit in Japanese Population　J Forensic Sci, May 2005, Vol. 50, No. 3（http://library-resources.cqu.edu.au/JFS/PDF/vol_50/iss_3/JFS2004482.pdfで閲覧可能）。

【架空の設例】アイデンティファイラーキットによるＳＴＲ15座位について，

D 8 S 1 1 7 9座位は，10−13型

D 2 1 S 1 1座位は，29−30型

D 7 S 8 2 0座位は，10型

C S F 1 P O座位は，11−12型

D 3 S 1 3 5 8座位は，14−16型

・・・

という結果が得られた。

【解説】

まず，D 8 S 1 1 7 9座位は，10−13型であるところ，対立遺伝子としていずれの型を有するかは独立である（前記注118参照）が，この型には，父親から10型を，母親から13型を受け継いだ者（その確率は$p \times q$）と，父親から13型を，母親から10型を受け継いだ者（その確率は$q \times p$）との両者が含まれるから，10−13型としての出現頻度は，10型の出現頻度0.1326と13型の出現頻度0.2248の積を更に2倍した値（$2pq$）となる。D 2 1 S 1 1座位，C S F 1 P O座位，D 3 S 1 3 5 8座位も同様である。

他方，D 7 S 8 2 0座位は，アリル型として10型のみが検出されているが，これは父親からも母親からも10型を受け継いだ者である。この場合の出現頻度は，10型の出現頻度の2乗となる。

なお，このように同じ型のアリル2個で構成される遺伝子型（DNA型）を

---

*121 同データの1350人というサンプル規模が1億2000万人を超える日本人集団を代表するものとして十分かという議論がされることがあるが，同報告に係る統計上の検証値からは，全ての座位でハーディ・ワインベルク平衡（大きな任意交配集団で，突然変異・移住がない集団では，遺伝子頻度と遺伝子型頻度に一定の平衡が生じ，次世代においても遺伝子頻度・遺伝子型頻度は変化しない。）にあることが確認されており，日本人集団全体を代表するものとして問題はないと考えられている。同旨・田辺泰弘・「DNA型鑑定について」研修716号（平成20年）77頁。

一般に，ＳＴＲについては，1座位・1集団につき100〜200人を調べれば，十分な結果が得られると理解されているようである（Butler（福島ほか訳）前掲注102）410頁）。

感覚的にも，現在のＳＴＲ型検査の対象となっている15座位のアリル型がいずれも十数パターンにとどまるから，例えば1000人のサンプル（対立遺伝子としては2000個）もあれば，その分布の把握に十分すぎる規模といえることは，容易に了解できるであろう。

これに対し，Ｍ Ｃ Ｔ 1 1 8型検査（D 1 S 8 0座位）においては，当初把握されていたところでも，反復数が14回から42回（その後12〜47回のパターンがあることが判明）と多型性に富むため，アリル型の出現頻度について，そのサンプル規模が問題とならざるを得ない。足利事件におけるDNA型鑑定では，用いられたＭ Ｃ Ｔ 1 1 8型の出現頻度について，原鑑定書は，日本人190人のデータから得られた頻度分布表に基づき16−26型の出現頻度を1,000人中8.3人程度と算出したが，平成5年の科警研の報告では，日本人957人のデータから16−26型の出現頻度を1,000人中35.8人程度としており，大きく変わっている（ウェブ上に公開されている警察庁「足利事件における警察捜査の問題点等について（概要）」www.npa.go.jp/sousa/kikaku/houkokushogaiyou.pdf　10頁参照）。

ホモ接合体といい，前記ＤＳＳ１１７９座位の10－13型のように異なる型のアリル２個で構成される遺伝子型（ＤＮＡ型）をヘテロ接合体という。

座位	型①・②	アリル型①	頻度 p	アリル型②	頻度 q	公式	ローカスの アリル型頻度	約 %
D8S1179	10－13	10	0.1326	13	0.2248	2 p q	0.05962	6.0%
D21S11	29－30	29	0.2467	30	0.337	2 p q	0.16628	16.6%
D7S820	10	10	0.2189	－		p^2	0.04792	4.8%
CSF1PO	11－12	11	0.2078	12	0.4185	2 p q	0.17393	17.4%
D3S1358	14－16	14	0.0289	16	0.3063	2 p q	0.0177	1.8%
…	…	…	…	…	…	…	…	…

　そして，仮にここまでの５座位の各出現頻度を掛け合わせると，その累積の出現頻度は，0.000001463（1.463×10^{-6}）と求められる。

　分かりやすく表現するため，その逆数（１をその値で除した数）を用いて「約68万4000人に１人」などと表すことが多い[122]。

ウ　このようにして15座位の型全てについて一致するかどうかを見ていく。

　１座位でも相反することになれば，前記１(3)のとおり，個体としてのヒトのＤＮＡは，移植などを受けていない限り，身体の全ての組織について共通で，終生不変であるから，同一人のものといえないことになる。他方，一致した場合は，型の同一が帰結されるだけで，個体としての同一性が直接導かれるわけではないが，ＳＴＲ15座位の全てのアリル型が一致した場合，そのような偶然の一致が出現する確率は，各座位のアリル型中最も出現頻度の高いもの（各座位の最頻出アリル型上位２つによるヘテロ接合体を想定）だけを掛け合わせたときでも，約４兆7000億人に１人であるとされている[123]。実際のシミュレーションにおいては，日本人の約８割で，10京（10^{17}）人から１垓（10^{20}）人に１人と更に低い値になり，高くてもせいぜい100兆人に１人程度であるとされる[124]。

　いずれにしても，これらの数字は，現在の世界人口（推定70億人）をはるかに上回っており，理論的にいえば，これらが一致すれば，極めて高い確度で当該ＤＮＡが同一人に由来すると推定することができる。

---

*122　前記注119）参照。

*123　前記注120）の吉田ほかの出現頻度表を用いて実際に容易に計算できる。この数値を紹介するものとして田辺泰弘・「ＤＮＡ型鑑定について」研修716号（平成20年）75頁，平成22年度警察白書82頁など。

*124　玉木・前掲注107）４頁。ただし，いずれも非血縁集団における値であり，例えば両親を共通にする同胞ペアにおいては，数百万組に１組で偶然の一致が見られる可能性があるという。

4 ＤＮＡ型鑑定の手順[125]

　事件関係者（被疑者・被告人，被害者等）の口腔粘膜や血液，あるいは，事件現場等に遺留されたヒトの体液や組織片につき，ＤＮＡ型鑑定を行う手順は，現在主流のアイデンティファイラーキット等を使用したＳＴＲ型検査を念頭に置くと，おおよそ次のとおりである。

(1)　物的痕跡の発見・採取・保管

　犯罪が発生し認知されると，直ちに現場保存が行われ，警察機関の鑑識係員により現場で鑑定等により解析すべき物件が採取される（以下「現場資料」又は具体的な鑑定に供される対象物として言及するときは「現場試料」ともいう。）。

　一方，被害者，被疑者，関係者の血液，唾液あるいは口腔内細胞を比較対照用の資料として採取する（前同様に，以下「対照資料」又は「対照試料」という。）。

　鑑識係員は，それらの鑑定により解析する必要があると思料される物件を警察署で整理し，通常，鑑定嘱託書により警察署長から警視庁・道府県警察本部刑事部科学捜査研究所長にＤＮＡ型鑑定を含む鑑定事項を定めて鑑定の嘱託をする。鑑定に供される物件は，警察職員が鑑定嘱託書とともに警察署から科学捜査研究所に搬送され，同所で鑑定人である法医科研究員の立会いの下で鑑定嘱託書と当該物件を受け付け，同研究員は法医物体検査に着手する[126]。

(2)　物的痕跡からの鑑定対象試料の抽出

　ＤＮＡ型鑑定に入る前に，まず，幾つかの検査を行い鑑定の対象とする物的痕跡にＤＮＡ型鑑定の対象物が付着していることを確認する。具体的には，血痕・体液などの予備検査，精子・細胞・毛髪などの顕微鏡検査，人由来を証明するための抗血清あるいはＤＮＡによる種属判別検査，ＡＢＯ式などの血液型検査を行い[127]，原則として全ての検査において，ＤＮＡ型鑑定が可能である十分な検査結果が得られれば，ＤＮＡ型検査に移行する。

　ＤＮＡ型検査に用いる試料（以下「鑑定試料」という。）は，現場資料に付着の血痕・体液などは糸片あるいはガーゼ片に転写し，付着量が極微量の場合は直接切り出す。

---

[125] 本項全体につき，藤田・前掲注103）135頁以下参照。

[126] 被疑者資料に係るＤＮＡ型鑑定については，平成23年２月16日以降，警察庁刑事局犯罪鑑識官がこれを行い，その特定ＤＮＡ型が判明したときは，被疑者ＤＮＡ型記録の作成，整理保管，対照等を行うこととされている（ＤＮＡ型記録取扱規則（平成17年国家公安委員会規則第15号）３条，ＤＮＡ型記録取扱細則（平成17年警察庁訓令第８号）１条）。その解説として，倉前嘉孝「ＤＮＡ型記録取扱規則及びＤＮＡ型記録取扱細則について」捜査研究719号40頁。

[127] 対象となる試料（組織）の種類，性質，性状等は，後述するとおり，それが付着，遺留等したことと事件や犯人との関係を明らかにする上でも重要な意味を持つ。また，それからうかがわれる劣化の程度や混合の有無等は，ＤＮＡ型鑑定で得られた結果の解釈，評価にも関係する。

(3) **鑑定試料からのＤＮＡの抽出（キットや機器の使用）**

　細胞片等の鑑定試料に前記2(3)のような処理をして，ＤＮＡを抽出，精製する。かつての操作段階の多いフェノール・クロロホルム法から，今日では，製品化されたキットの使用が進んでおり，さらに，自動ＤＮＡ抽出装置（ＥＺＩ，ＱＩＡＧＥＮ社）等も利用されるようになっている。しかしながら，微量な試料の場合には，慎重を期するため，自動ＤＮＡ抽出装置は用いず手作業で抽出を行っているということであり[128]，また，自動ＤＮＡ抽出装置を用いる場合でも，鑑定試料の酵素処理液を同装置の専用チューブに入れ換える作業等を，なお検査者が行う必要があるなど，後述の取り違えや汚染の防止のための細心の注意が不要となったわけではない。

　また，精子については，細胞膜中のタンパク質のシスチン結合を分解する試薬の添加[129]，骨細胞については，後のＰＣＲを阻害するカルシウムを除去する試薬による処理，毛髪についても，ＰＣＲを阻害するメラニンを除去する処理など，対象組織の性質に応じた処理が必要になることがある。

(4) **検査すべき座位のＤＮＡのＰＣＲ増幅**

　抽出されたＤＮＡ溶液に対し，前記1(2)（注100），2(4)のような原理及び方法により，ＳＴＲ型検査の対象となる座位をＰＣＲ法で増幅する。

ア　その際，ＰＣＲの反応が最適に行われるようにするため，鋳型となるＤＮＡ量の定量，すなわち抽出されたＤＮＡ濃度を機械で測定し，これに応じてＰＣＲにかける抽出液の量を調整する作業を行う。抽出されたＤＮＡ量が余りに微少であったり，あるいは多過ぎると，これをこのままＰＣＲにかけたのでは増幅が適切に行われず，正しいアリル型が検出できなかったり，過剰量によるオフスケールデータとなることがあるからである[130]。

イ　ＰＣＲ増幅で用いられるキットには，各ＳＴＲ座位を切り出すプライマーのセット（後記のフラグメントアナライザーで複数座位の分子サイズが重なり合わないようにサイズが工夫され，また，座位の識別の便宜のため蛍光染色されている。），ＰＣＲ反応溶液（塩基のもととなる物質等が混ぜ合わされたもの），耐熱性ポリメラーゼ（酵素）が含まれており，定量した抽出ＤＮＡを入れた反

---

*128 田辺泰弘・「ＤＮＡ型鑑定について」研修717号（平成20年）73頁。

*129 精子の細胞膜のこの性質のため，混合斑痕の中でも精液を含むものについては，精子の細胞膜が現存している限り，精子のＤＮＡとそれ以外のＤＮＡとは分離して抽出することができる（赤根・前掲注107）51頁，192頁）。

*130 アイデンティファイラーキットの販売元であるQIAGEN社では，抽出液10マイクロリットル当たりＤＮＡ量が0.5〜1.25ナノグラム（1ナノグラムは，1グラムの10億分の1）を推奨している（AmpFlSTR® キット簡易操作ガイド13頁）。

　科警研の吉田日南子ほかの研究でも，鋳型量は0.5〜1ナノグラムが適量であるとされている（吉田日南子ほか「AmpFlSTR® Identifiler® PCR Amplification Kitの法科学的試料への応用に関する検討」科警研報告57巻（平成18年）1号52頁）。

　なお，抽出液中のＤＮＡ濃度が以上の値よりも薄い場合には，濃縮という作業をすることもある。

応チューブに，これらの混合溶液を加えてＰＣＲ装置にかけ，前記2⑷の④から⑥の工程を機械制御により通常28回繰り返した後，60℃で60分の最終伸展をする[131]。

これにより，特定座位のＤＮＡ断片のみが大量に増幅される。

⑸　ＰＣＲ産物の電気泳動とＤＮＡ型の検出・解析

ＰＣＲ法により増幅されたＤＮＡ断片をフラグメントアナライザーという装置にセットし，キャピラリーゲル電気泳動（前記2⑸イ）を行う。

アイデンティファイラーキットによりＰＣＲ処理された検体をフラグメントアナライザーにセットすると，自動的に電気泳動が行われ，機械付属のデータ収集ソフトによりデータ（Raw Data）が収集され，これを型判定用ソフトにより解析することにより，その結果がエレクトロフェログラム（検査対象座位ごとのピークが示されたグラフ。前掲【図8】）に示されるとともに，ソフトが識別した型も示される。

この型判定用ソフトで型として読み取る検出限界（蛍光強度）をどのように設定するか，どの程度を型として認識するかは，検査者の判断に係る事柄である。科警研及び各科捜研では，現在検査に用いている装置（310型及び3130x1型フラグメントアナライザー）の検出下限値（閾値）を150RFUとし，それ未満のピークは，型として判定しない扱いとしている[132]。

⑹　鑑定書の作成，鑑定に供した物件の返却

以上で判定された現場試料又は対照試料のＤＮＡ型を鑑定書として書面化する。

鑑定終了後，鑑定に供した物件は鑑定嘱託した捜査機関に返還され，その後の保管は当該捜査機関が行う。

⑺　対照資料のＤＮＡ型との異同識別

現場資料のＤＮＡ型と被疑者・被害者等関係者に係る対照資料のＤＮＡ型とを対比して異同識別することは，近時，ＤＮＡ型検出とは別の専門的判断と理解され，当然には型判定の鑑定に含まれなくなっている。

現場資料のＤＮＡ型と被疑者・被害者等関係者に係る対照資料のＤＮＡ型とが，ＳＴＲ15座位及びアメロゲニン型において明瞭に合致している場合には，前記3⑵ウの知見によれば，兆とか京といったレベルで出現頻度が具体的にどのような数値をとろうが，結局は天文学的レベルの数値の問題であり，ＤＮＡ型鑑定による異同識別について争いがない事件では，特に専門家からの解釈や説明は必要がないといえるかもしれない。

しかし，関係者に同胞が含まれる場合，現場資料について混合斑痕が疑われる場合や，一部座位が不検出となったような場合には，型判定の解釈も含め，出現頻度等統計的な分析，説明等，異同識別の判断に資する専門的知見の提供を受け

---

[131] AmpFlSTR® キット簡易操作ガイド10頁。

[132] 研究員のインタビュー結果による。もとより検出閾値は検出機器により変わるから，新たな検出機器が導入されたときには，検出下限の設定が変わる可能性がある。なお，後記第3の4⑴参照。

る必要があり，型判定とは性質を異にする鑑定的意見を求める必要があるといえる。

5　ＤＮＡ型鑑定の限界

　　以上のように識別精度が高まったとはいえ，ＤＮＡ型鑑定が常に最も優れた個人識別方法であるとは限らない。例えば，焼死体や腐敗・損壊の著しい遺体では，歯科記録（カルテ，Ｘ線写真）があるのであれば，歯牙・歯槽の形態や治療痕などの対照によって，ＤＮＡ型鑑定よりも簡便で確実性の高い識別が可能である。

　　そもそも細胞が残存していなければ，ＤＮＡ型鑑定はできないし，ＤＮＡが断片化してしまっている場合も，鑑定はできない。長年の経年変化や資料が存在する環境（高温多湿，酸やアルカリ，ＤＮＡ分解酵素の存在等）の影響のほか，例えば，火葬された遺骨は100％不可能である。また，ホルマリンで固定されたものも非常に難しい場合が多い。

　　次に，ＰＣＲによってＤＮＡを増幅させる際には，前記のとおりＤＮＡポリメラーゼによる酵素反応を利用するが，この酵素反応を阻害する物質がある。代表的なものとしては毛髪のメラニン色素であり，毛根であればともかく，黒髪の毛幹からはＤＮＡの検出が難しい。また，土中に含まれる黒や茶色などの色素も，酵素反応を阻害してＰＣＲが進まないことが経験的に知られている。

　　さらに，ＰＣＲのプライマー部分の突然変異がある場合も，増幅できない。

　　また，複数人のＤＮＡが混合している場合には，当然複数の型が検出され，後述するとおり，異同識別上困難な問題が生ずる。

第2　ＤＮＡ型鑑定の信用性及び証明力を検討するための問題分析の視点

1　ＤＮＡ型鑑定の事実認定上の位置付け

　　ＤＮＡ型鑑定が捜査実務，裁判実務において発揮する効用には大きなものがあるが，ＤＮＡ型鑑定により争点が直ちに解明されるわけではない。

⑴　例えば，被告人の犯人性が争われている事件で，現場で採取された遺留体液等の現場資料が前記第１で述べたようなＤＮＡ型鑑定により被告人の型と一致する，あるいは相反するとの結論が得られたとしても，その事実が被告人の犯人性の肯定又は否定の認定にどの程度の意味を持つかは，まず，現場資料の付着状況や遺留状態が，事件や犯人との結び付きをどの程度強く推認させるものかにより左右される。

【図10】 ＤＮＡ型鑑定の位置付け

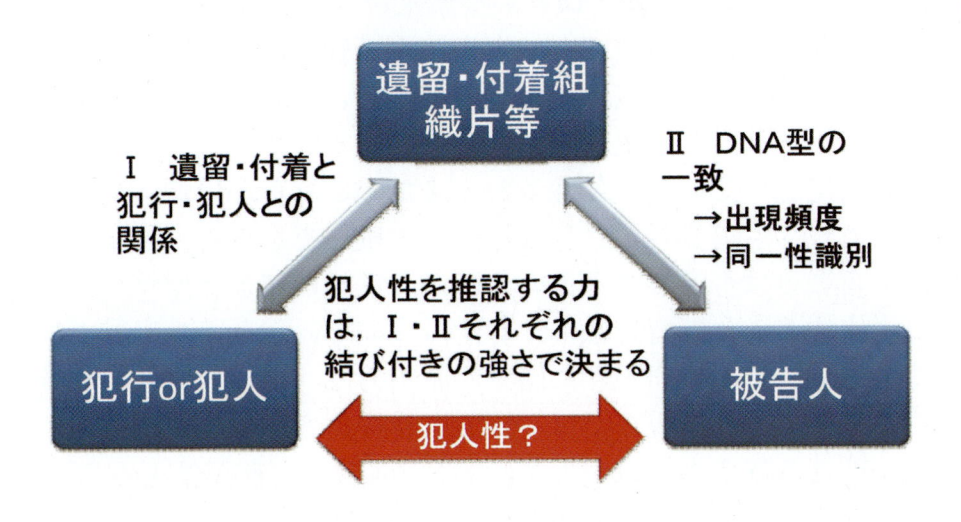

DNA型鑑定の位置づけ

遺留・付着組織片等

Ⅰ　遺留・付着と犯行・犯人との関係

Ⅱ　DNA型の一致
→出現頻度
→同一性識別

犯人性を推認する力は，Ⅰ・Ⅱそれぞれの結び付きの強さで決まる

犯行or犯人

被告人

犯人性？

なぜならば，ＤＮＡ型鑑定で結び付き（あるいはその不存在）が立証できるのは，左図Ⅱの部分，すなわち，当該現場資料が誰に由来するか（あるいは由来しないか），という点に限られ，それだけでは犯人性等争点となっている事実の存否を推認するような作用を営み得ず[133]，当該現場資料が事件や犯人とどのような結び付きを有すると認められるかということ，すなわち同図のⅠの部分と併せて，初めて争点に関する推認力等の事実認定上の意味合いを持つに至るものであるからである。

　そして，当該現場資料が事件や犯人とどのような結び付きを有するかという【図10】のⅠの部分は，付着・遺留の客観的状況や被害状況に関する被害者の供述など，他の証拠により，その存否や程度が立証される。当然のことではあるが，図のⅠの部分自体は，ＤＮＡ型鑑定それ自体の証明力の評価とは全く関係しない事柄であり，ＤＮＡ型鑑定以外の証拠に基づいて検討される事柄である。そして，その存否・程度は，例えば，強姦事件において被害直後に採取された被害者の腟内液中の精子[134]や，手で首を絞扼して殺害されたことが明らかな被害者の遺体の手の爪に付着していた組織片など，当該犯行そのものの痕跡と強く推認できる資料であることもあれば，犯行現場である被害者の居室内で発見されたタバコの吸い殻などのように，それを吸った者が，発見されるまでのいずれかの時点でその場に居合わせたことをうかがわせる物件といえるにしても，当該犯行以外に遺留される機会はあり得ないのかを慎重に検討しなければならないようなものもあ

---

*133 村井敏邦「再鑑定の機会の保障」法律時報83巻（平成23年）9・10号31頁にも同様の指摘がある。なお，そこでは，ＤＮＡ型鑑定を含む科学的証拠が「せいぜい他の客観証拠の補助証拠に過ぎない」とも論じられているが，そこにいう「補助証拠」は，他の証拠の信用性・証明力評価に作用する証拠の意味ではなく，独立して事実認定上の機能を発揮することができないという意味における「補助的証拠」を意味するものであろうか。文意に照らせば，本文及び後記注135）で述べるような間接事実の枢要な構成要素となり得ることを否定する趣旨ではないように思われる。

*134 ＤＮＡを分離して抽出できることについて，前記注129）。

るし，その居室内から発見採取されたものが毛髪や微細な組織片などの場合には，さらに，その由来の主である者の移動・所在以外の理由で，その場に移動し残置されたものである可能性がないかなどが問題となることもあり得るであろう。

(2) また，【図10】のⅡの部分であるＤＮＡ型鑑定によって認められる事実についても，一口にＤＮＡ型鑑定といっても，①当該現場資料のＤＮＡ型判定，②被告人に係る対照資料のＤＮＡ型判定，③両者の型の照合と異同識別に関する評価から構成され，それぞれ独立の鑑定といえるものであるし，形式的にもそれぞれ別の専門家により鑑定されていることも多い。また，それらが信頼に足りるものとして，当該遺留体液等現場資料のＤＮＡ型が，１座位でも被告人と相反すれば，被告人に由来することは否定できるといえるが，反対にＤＮＡ型が一致することから被告人に由来することを認定しようとする方向では，全ての座位で被告人の型と一致するとしても，その同一性に関する証明力は，出現頻度という統計的確率を基礎とするものであり，現在では，対照資料提供者以外の者に由来するという偶然の一致が起こる確率の分母が天文学的数値に上る（前記第１の３(2)）一方，それほどではなかった時期（前記注103参照）もある。

(3) そして，上記のシチュエーションにおいて，ＤＮＡ型鑑定（ここでは，(2)の①〜③を合したもの）の結果を取り込んで構成される間接事実[135]の推認力の程度は，ⅠとⅡのそれぞれの「結び付き」を「連結」することにより導かれるもので，かつ，一方が他方を補う関係にはないから，結局，連結した１本の「綱」として，その強さをみることになる。すなわち，ⅠとⅡの各「結び付き」がいずれも強固であれば，連結された間接事実の推認力も強く，場合によっては，この間接事実だけで，争点判断にほぼ決定的であるといえることもある一方，両方又はそのいずれかが細かったり弱かったりすれば，その最も弱いところに制約された推認力しか持ち得ないことになると考えられる。

このようにＤＮＡ型鑑定により認められる事実が，当該事案において果たす役割と限界を意識的かつ明確に把握することが，その適切な評価の出発点となる。

(4) ところで，従来，ＤＮＡ型鑑定の証明力について，ＤＮＡ型鑑定を決定的な根拠とするのではなく，他の全ての証拠との適切な総合認定が必要であり，合理的な心証形成をする際の一資料にとどめるのが妥当である[136]とか，ＤＮＡ型鑑定を補助的に用いることに徹すべきであり，ＤＮＡ型鑑定を除いても有罪と認定するのに十分な証拠が存在するのかという観点から厳格に証拠を吟味し，これを消極に解さざるを得ない場合には，被告人に不利益な推認は許されない[137]と論じられ，裁判実務家においても，ＤＮＡ型鑑定を含めた科学的証拠を，いわば決め

---

*135 第１章第４の１(3)注30) 参照。

*136 三井誠「ＤＮＡ鑑定の証拠能力・証明力」「松尾浩也先生古稀祝賀論文集（下）」（平成10年）508頁，長沼範良「いわゆるＭＣＴ１１８ＤＮＡ型鑑定の証拠としての許容性——足利事件上告審決定」・ジュリスト1239号（平成15年）156頁等。

*137 佐藤博史「ＤＮＡ鑑定のための血液採取，ＤＮＡ鑑定の証拠能力・証明力」「新実例刑事訴訟法Ⅲ」（平成10年）188頁。

手的な証拠として取り扱うのではなく，他の証拠と総合する形で事実認定や捜査を行う運用が望ましいことが少なくないとの指摘がされていた[138]ところである。

　しかしながら，そこでの議論は，検査自体の精度や個人識別力が現在に比して十分ではなかった時期のDNA型鑑定を念頭に置いたものである[139]上，DNA型鑑定と他の事実や証拠との関係についての議論も，前記【図10】のような位置付けを意識して問題場面を整理したものともなっていない恨みがあるように思われる。

　この問題は，同図のⅠ及びⅡの各結び付きとも強固であることが明らかである次のような設例を念頭に，これを試金石として，果たしてこのような間接事実のみによって，犯人性につき合理的疑いを入れない程度の推認が可能といえるか（もとより，その推認を動揺させるに足りる他の事実，証拠がない限りにおいて，という留保を伴うことは，言うまでもない。），とりわけ，Ⅱの部分を支えるDNA型鑑定が現在それに耐え得るものか，という形で検討してみるのが相当であろう。これについては，DNA型鑑定固有の信用性・証明力に関する諸問題について第3以降において順次検討し，その結果を踏まえ，後記第6の5において，改めて検討する。

【設例】

　深夜，通行中の被害女性が自動車後部座席に引きずり込まれ，腹部を数回殴打されるなどの暴行脅迫を受けて反抗を抑圧され，姦淫された強姦事件につき，被害者は，被害直後に最寄り警察署に被害を届け出，犯人の特徴について，「暗かったので人相は分からないが，声の感じからは20歳代から30歳代で，背格好は中肉中背。」と述べた。被害の数時間後に医師によって採取された被害者の腟内液が科捜研のDNA型鑑定に付され，2段階抽出（前記注129参照）された精子のDNAからSTR15座位及びアメロゲニン型の全てが検出された。その型は，被告人の口腔内細胞につき実施されたDNA型鑑定により検出されたSTR15座位及びアメロゲニン型と全てにおいて一致し，その出現頻度は，約50京人に1人の割合であると算定された。被告人は，全く身に覚えがないと述べるほか，それ以外の供述を拒んでいる。なお，被告人は当時26歳で，身長170cm，体重65kgであった。

2　DNA型鑑定の信用性・証明力を左右する問題の各局面

　前記1で述べたようなDNA型鑑定の事実認定上の位置付けを意識した上で，DNA型鑑定それ自体によって何がどの程度認められるのか（【図10】参照）を考えるに当たっては，その信用性・証明力を左右する問題を，DNA型鑑定の科学性ないし専門性の側面に由来するのか，通常の物的証拠と同様の証拠化の過程等に存するのか，その特質に即した形で的確に位置付け，検討する必要があるように思われ

---

*138　植村立郎「科学的捜査―裁判の立場から」三井誠ほか編「新刑事手続Ⅰ」（平成14年）429頁。

*139　もっとも，和田俊憲「遺伝情報・DNA鑑定と刑事法」慶應法学18号（平成23年）79頁は，現在のSTR15座位によるDNA型鑑定の精度を前提としても，なお現時点においてはこれを唯一の証拠として犯人性を認定することはできないと解しておきたいとされる。

る。
　その問題整理を試みたものが【図11】「ＤＮＡ型鑑定（ＳＴＲ型）の事実認定上
の問題点の位置付け」である。

事件との結び付き（問題領域Ⅰ）

犯行又は犯人

この結び付きの強度は, ＤＮＡ型鑑定以外の証拠により決定されるもの。
Ex.①強姦被害者の腟内液
　　②侵入放火における侵入経路への付着血痕
　　③現場居室前通路のタバコの吸い殻のだ液
etc.

犯行以外の理由による遺留・付着の可能性の有無程度が推認力を左右する

遺留組織

【解析を制約する外部的条件】
　混合, 汚染etc.
　時間の経過や環境による劣化
　量の多寡
など, 資料がどんな状況で存在したか

採取
捜査機関
保管

管理の連続性（問題領域Ⅱa）

コンタミネーション
とり違い
ねつ造疑惑
検査不能(他検査による破壊・変性, 不適正管理による劣化など)

鑑定自体の信頼性（問題領域Ⅱb）

【ＤＮＡ型鑑定自体の信頼性】
　検査方法は確立しており, 管理の連続性が保たれていれば, 検査の場所・器具の汚染(コンタミ)防止やプロトコル遵守の審査が中心か？

【型判定の信頼性】
　機械的検出
　しかし, ピークの同定や閾値下のピークが持つ意味が問題となることも→エレクトロフェログラム等の検証

【結果の評価等】
　アリル型が検出できる座位が少ない場合とその原因
　1つの座位に2つを超えるアリル型が検出される場合とその原因
　これらが鑑定自体の信頼性を左右するか
　いわゆる混合斑痕への対処

ＤＮＡ型鑑定
抽出(市販キット)
PCR増幅
解析(フラグメントアナライザーによるキャピラリー電気泳動と自動解析)
型判定(15＋1座位につきアリル型の検出or不検出)

両者の各座位におけるアリル型の
(a)一致
(b)矛盾せず
(c)不明
(d)相反
→統計学的に算出される**出現頻度**

型判定であることと**同一性認定における証明力の評価**
　不明座位がある場合の考え方
　相反するアリル型がある場合, そのことの意味

異同識別(問題領域Ⅱc)

遺留組織のＤＮＡ型

被告人のＤＮＡ型
(その判定過程は左欄と同じ)

ＤＮＡ型鑑定では，【図11】のとおり，採取・保管・鑑定の経過における管理の連続性,すなわち対象物件について適正に鑑定作業が行われたかという問題(Ⅱa)，型鑑定自体の信頼性の問題（Ⅱb），さらには，対照するＤＮＡ型鑑定との異同識別の問題（Ⅱc）に分けて整理することができるであろう。

　この中で科学的証拠たるＤＮＡ型鑑定における科学性ないし専門性に固有の問題は，Ⅱb及び同cの問題領域と位置付けられるが，それぞれを支える専門的知見の領域は異なるものである。

　もとより，これらのⅡのaないしcの各問題領域が相互に関連し合う側面も少なくないが，それぞれ問題の「本籍地」を押さえておくことは，対応策も，第一次的には科学的合理性により導かれるべきであろう科学性ないし専門性に由来する固有の問題と，政策的・衡量的判断にもなじむそれ以外の問題とが錯綜することを防ぎ，また，何をもって問題解明のベストエビデンスと考えるかを整理する上でも有用であると思われる。

　以下，この視点に基づき，ＤＮＡ型鑑定に関する刑事裁判上の問題点を順次検討することとする。

第3　型判定自体の信頼性に関する諸問題（【図11】の問題領域Ⅱb）
1　科学的原理の正確性と検査技術の水準

　前記第1章第3の2にいう6段階8項目に照らせば，既に本章第1で述べたとおり，現在一般に用いられているＳＴＲ型のＤＮＡ型鑑定は，まず，第1段階の基礎となる科学的原理・知見の信頼性，第2段階の科学的原理・知見を実用化する理論・技術の信頼性のいずれについても，既に生物科学領域で確立した承認を得ているものということができると思われる[140]。今後,更に技術の進歩が見込まれるとしても，現在の技術による「特定座位のサイズ（鎖長）に着目した型」とその検出の意味や精度自体が揺らぐことは想定し難いといえるのであり，これらの点についての疑念は，差し当たり抽象論にとどまるといえよう。

　なお，ＤＮＡ型鑑定に関して，ＳＴＲ型以外にミトコンドリアＤＮＡや一塩基多型に着目した鑑定技法がある。このような技法は，劣化試料の解析などに利用されることがあるが，識別能力や解釈の安定性において，ＳＴＲ型に取って代わるものでも，これを克服するものでもないと考えられる。さらに，刑事実務上は，現在構築と整備が進められている国内外のデータベースの存在とその利用価値も無視できない。当面は世界的にもＳＴＲ型のＤＮＡ型鑑定システムが利用されることが予想

---

[140] 検査の完成度という観点からは，開発当初のＭＣＴ１１８型検査では，電気泳動したゲル上のバンドの位置を目視で判定する方法であったり，サイズマーカーが型判別と一対一の関係に立たない123サイズマーカーであったりしたことなどの点で，また，ＨＬＡＤＱα検査及びＰＭ検査は,標識試薬（プローブ）の発色の濃さで判定するといった方法であったことなどの点で，検査者の経験や観察力に依拠する部分が大きかったといえるが，原理及び検査方法が上記各信頼性を満たしていなかったわけではなく，具体的な検査方法・過程の的確性や検査結果の評価に関する信頼性など，前述の第1章第3の2にいう6段階8項目の後の段階に負うところが大きかったということであろう。

される。

　２点付言する。

⑴　個体識別に当たり４塩基配列の反復回数を型と捉えることに対する疑問について

　　ＳＴＲ型ＤＮＡ型鑑定では，特定座位の４塩基配列の反復回数（鎖長）の多型を捉え，その型の異同をもって個体識別に利用しようとしている。しかし，実際には，同じ鎖長であっても，その中を調べると塩基配列を異にすること（変異型アリル）がある[141]。配列が異なる以上，型が同じであっても同一人ではあり得ない。それなのに，このような場合も同じ型と扱われ，異同識別に用いられるのはおかしいのではないか，配列を完全に読む検査方法でなければ，異同識別には使えないのではないか，という疑念が示されることがある。

　　しかし，配列を異にするものを取り込むとしても，鎖長を同じくする同一型として，現象面での現れ方は同じであり，そのようなものも含め，鎖長が型に合致するものとして一定数検出されたことは現象として動かないし，出現頻度は，配列が違うかもしれないものも含め，鎖長型としての現れ方だけに着目して大量現象としての頻度を見るものであるから，統計的正確性にも何ら問題がない。

　　そして，ＳＴＲ型ＤＮＡ型鑑定における異同識別の考え方は，単一座位だけで異同識別をするのではなく，多数の座位の出現頻度を掛け合わせ，偶然一致の蓋然性を検討するのである。個別アリルにおける配列の異同の問題は，統計学的には有意ではない問題といえるのであり[142]，この点がＳＴＲ型ＤＮＡ型鑑定の基礎となる科学的原理・知見の信頼性，科学的原理・知見を実用化する理論・技術の信頼性のいずれについても揺るがせるものとは思われない。

⑵　市販キットや検査機器の情報が企業秘密として公開されていないことに対する疑問について

　　現在，科捜研・科警研が実施しているＳＴＲ型によるＤＮＡ型鑑定は，具体的には，アイデンティファイラーキットを使用して15座位の特定ＤＮＡ型とアメロゲニン座位によるＤＮＡ型鑑定を行うものであるが，検査機器や検査キットには，企業秘密の関係で，その全ての情報が公開されているわけではない部分がある。例えば，ＰＣＲ増幅を誘導するプライマーの配列は，高度の企業秘密であるとして公開されていない。

　　そこで，その検査機器や検査キットによる検査の信頼性をどのように考えればよいかが問題となる。しかし，ＳＴＲ型ＤＮＡ型鑑定の原理そのものは，全て解明されており，キットによらないＳＴＲ型ＤＮＡ型鑑定も，より安定的で有効な座位の探究やプライマー設計を巡り，種々試みられているところである。市販キットの商品価値は，主として利便性・効率性にあるといえる。そうすると，その仕様の一部につき企業秘密として公開されていないところがあるとしても，これに

---

*141 Butler（福島ほか訳）前掲注102）115頁，勝又義直「ＤＮＡ鑑定　その能力と限界」（名古屋大学出版会，平成17年）134頁。

*142 注141）の各文献参照。

よる検査結果の検証は，プライマーの自作を始め，一般的な方法で行うことが可能であるし，また，世界各国の多数の検査機関において現に使用されている中で，理論上・技術上格別の問題も報告されていないこと[143]に照らせば，企業秘密の部分があるゆえに信頼性が担保されていないということはできないであろう[144]。

2　具体的な検査に関する信頼性

次に，前記第1章第3の2にいう6段階8項目の，第3段階である具体的な検査に関する信頼性について検討する。

(1)　一般的視点

ア　検査方法の正確性

ＳＴＲ型ＤＮＡ型鑑定については，一般的な前処理（試料化）や具体的検査方法，過程の的確性は，一連の検査方法，手順，留意事項（機器の精度管理を含む）等について市販キットや検査機器の説明書に記載されたプロトコルに代表されるように，既に確立され，周知されている。したがって，要はこれに準拠して検査が行われたかどうかの問題に帰着するといえよう。

なお，資料の性質に応じた前処理については，検査者による工夫の余地がある領域であるところ，そのような処理の妥当性については，別途検討の必要がある。

イ　得られた結果の正確性保証の工夫

上記アのように検査方法が正確であれば，科学的論理則の下では，得られた結果の正確性も当然に保証されるはずである。

しかし，検査の過程で各種エラーが介在する可能性は，慎重を期すことにより可及的に減じることはできるが，ゼロにすることは実際上困難である。そこで，それらの疑いによる紛議を避けるための方策として，次のようなものが考

---

[143] 製造・包装段階におけるキット自体の汚染など，製品に瑕疵がある場合の問題は別論である。このような問題が生じた例として，採取用綿棒が納入業者の従業員のＤＮＡで汚染されていた「ハイルブロンの怪人」事件（赤根・前掲注107）191頁）が著名であるが，最近我が国でも，検査キットに製造メーカーの従業員のＤＮＡが混入していた疑いが明らかになった例（朝日新聞平成23年3月10日付朝刊（14版）朝日新聞縮刷版（1077号527頁））が挙げられる。

[144] Butler（福島ほか訳）前掲注102）87頁以下に紹介されているところでは，アメリカでは，1999年から2000年にかけて，市販ＳＴＲキットのＰＣＲプライマー配列と開発上の有効性を確認する研究内容が公開情報でなかったとの理由により，ＤＮＡ型鑑定の結果を証拠として認めないという判例が登場した。その後，ＤＮＡ型鑑定キットのアメリカの代表的メーカーの一つであるプロメガ社は，自社ＳＴＲキットのプライマー配列を公開することにしたが，もう一つの代表的メーカーであるアプライドバイオシステム社（日本の捜査機関も使用するプロファイラーキットやアイデンティファイラーキットのメーカー）は，同社の独占的な知的財産権であるという理由により，自社のＳＴＲキットのプライマー配列の公表を拒否し続けた。しかし，少なくとも16件の判決により，保護命令のもとでいくつかのキットのプライマー配列を同社は提出しているという。2000年以降，詳細な検証結果を含む数多くの発表により，同社のＳＴＲキットの信頼性は示されており，情報が全て公開されているわけではない市販ＳＴＲキットを信用するに足る証拠がないという疑念は，過去数年間にこれらキットにより作成された数百万件に及ぶＤＮＡプロファイルの信頼性により消えつつあるという。

えられ，これが励行されることが望ましく，現在，科警研及び科捜研では，これを履践するものとしている[145]。

㋐ 検査の複数化

前処理後の検体に対する同一検査を複数回繰り返し，再現性を確認する。これにより，使用機器による分析エラーやノイズの可能性などを排除することができる。

㋑ 検査結果のダブルチェック

同一の資料につき，異なる検査者又は異なる機会に前処理以降の検査過程を改めて実施し，前のものと突き合わせ，同一結果が得られているかの検証をする。

㋒ 各種コントロールの実施

① 抽出コントロール：ＤＮＡ抽出からＤＮＡ型分析までの試薬・作業が汚染されていないことを検証するため，資料を入れないマイクロチューブで抽出作業以降の検査工程を行う。

② ＰＣＲ陽性コントロール及び同陰性コントロール：既知のＤＮＡを陽性対照として，また，一切ＤＮＡを含まない滅菌水等を陰性対照として，それぞれＰＣＲ増幅をし，以降の検査工程を行う。

①②を本来の検体の検査と並行して検査機器にかけることにより，検査系が正しく行われているかどうかを検証する。

㋓ 鑑定経過の記録化

検査結果だけでなく，その経過の記録も残すことにより，プロトコル準拠や操作の正確性を明らかにする。

(2) 目的以外のＤＮＡの混入（コンタミネーション）

ＰＣＲ法を使う鑑定法において，最も重要視しなければならないのは外来のＤＮＡによる汚染,すなわちコンタミネーション（Contamination。以下,略して「コンタミ」ともいう。）の問題である。検査の過程で，フケ，汗，体の脂等から目的以外のＤＮＡが試料に混入する危険性は十分にある。しかし，肉眼ではとらえられないので，仮に汚染された検体をＰＣＲにかけてしまうと，本来の目的のＤＮＡだけではなく混入したＤＮＡをも増幅してしまうことになる。本来の目的のＤＮＡの量が少なかったり，断片化していたりすることが多い刑事鑑定における現場資料では，増幅されたＰＣＲ産物が，本来の目的のＤＮＡなのか，混入したＤＮＡなのか，その両方なのかは，科学的にも絶対確実な証明はできず，増幅されたＰＣＲ産物を前提とするしかない。

そして，自動化が進んだとはいえ，なお手作業の部分を残す現状では，検査過程においてもコンタミネーションの危険をゼロにすることは不可能であり，万全の対策をして結果に影響しないようにとどめるほかない。

---

[145] 研究員のインタビュー結果による。

検査過程においてコンタミを防ぐ工夫としては*146 *147，

① クリーンルーム又はクリーンドラフト内での実験操作

② 検査従事者自身のDNAの混入防止（帽子，手袋，マスク，白衣などの装着，手袋は操作過程ごとに使い捨てにする。）

　　　　　※以上につき【図12】参照

③ ディスポーザブル（使い捨て可能）な容器，器具の使用

④ 使い捨てできない器具には事前に紫外線照射を実施して付着したDNAを分解

⑤ 器具や作業場所を操作目的ごとに使い分けること（特にPCRの前後で，作業場所を分離することが望まれる。）

などが挙げられる。

【図12】　鑑定作業の様子

---

*146 日本DNA多型学会DNA鑑定検討委員会がとりまとめた「DNA鑑定についての指針（2012年）」では，「法医鑑定において，低分子化したDNAや微量なDNAが抽出されることが予想される資料を取り扱う際には，僅かな量のヒトに由来する汚染が大きな影響を及ぼす可能性がある。そのため，由来の不明な法医資料からのDNA抽出は，鑑定作業において最も注意が必要な過程であることを認識する。DNA抽出時の一般的注意としては，試薬の入ったものを含めた器具を素手で触れないこと，マスクを着用すること，クロスコンタミネーションを避けるため器具や作業場所を操作目的ごとに使い分けること等を配慮すると共に，全行程に渡り資料の取り違えの防止を念頭に作業を行う。」と指摘している。

*147 警察庁では，前掲注103）の「DNA型鑑定の運用に関する指針」（平成22年10月改正のもの）の運用上の留意事項として，検査施設について，次のとおり詳細な基準を定めている（平成22年10月21日警察庁刑事局犯罪鑑識官警察庁刑事局刑事企画課長通達）。

(1) 検査施設について

　DNA型鑑定に係る検査は，その安全性を確保するため，空調設備及びエアシャワー付のクリーンルームを備えたDNA型検査専用施設（以下「DNA型検査施設」という。）等において行わなければならない。

　また，DNA型検査施設は定期的に点検を行い，おおむね以下に掲げる性能の維持に努めなければならない。

　ア　温度28℃を超えない程度

　イ　湿度60%を超えない程度

　ウ　エアークリーン度ＪＩＳ清浄度クラス７程度

　なお，DNA型鑑定に係る検査工程のうち，DNAの抽出からPCR増幅の工程は，DNA型検査施設において行い，PCR増幅後の工程は，少なくとも，空調設備を備えた検査施設において行わなければならない。

またコンタミを検知する方法としては，

⑥　陰性検査（前記(1)イ(ウ)）の励行

⑦　作業従事者を始めとする作業領域内に立ち入る者のＤＮＡ型把握

などが挙げられる。

　以上のとおり，上記(1)の一般的な信頼性検証の前提として，検査段階における
コンタミ防止策が十分に採られているかどうかは重要なポイントとなろう。

3　検査者（機関[148]）の技術水準，技量

　警察機関におけるＤＮＡ型鑑定については，「ＤＮＡ型鑑定の運用に関する指針
の改正について」（平成22年10月21日警察庁刑事局長通達）により，科警研の法科
学研修所で所要の研修課程を修了し，ＤＮＡ型鑑定に必要な知識及び技能を習得し
たと認められる者に対し，科警研所長が交付するＤＮＡ型鑑定資格認定書を有する
鑑定技術職員が行うものと定められている。

　現在のＤＮＡ型鑑定は，確立した検査方法を正確に履践できるかが中心であり，
そのような能力が備わっていれば，正確性自体を左右する問題は生じにくい。しか
し，資料に応じた処理や，コンタミの防止，得られたデータの解釈には，手技の水
準だけでなく，この領域についての深い理解と経験が必要であろう。鑑定人の能力
の差は，検査結果を間違えずに解釈できるかとか，何か問題が起きていることに気
がついて適切な対応ができるかといったようなところにも出てくるであろう。

4　検査結果の評価（型判定）に関する信頼性

(1)　検出限界の設定と信頼性

　現在のＤＮＡ型鑑定の主流であるキャピラリー電気泳動装置を使ったＤＮＡ型
鑑定であれば，検出結果をコンピュータソフトにより自動的に解析し，その結果
として検出された座位ごとの型と，これをグラフチャートとして表したエレクト
ロフェログラム（前掲【図8】）が出力される。

　科警研・科捜研では，前述（第1の4(5)）のとおり，型判定に用いる検出限界
（蛍光強度）を150RFUとしているが，これは，現在検査に使用されている装置
の検出性能の保証範囲や，アイデンティファイラーキット等検査キットのマニュ
アルの推奨値に準拠したもので，他の研究機関でもおおむねこれに準拠した閾値
の設定をしているものと思われる。

　実際上はそれ未満の蛍光強度もチャート上に検出できないわけではなく，かつ，
それがピークなのか，ノイズやスタターピーク（ＰＣＲ法の副産物としてＳＴＲ
の本来のアリルよりも1反復配列分短いアリルがかすかではあるが検出されるこ
とをいう。）にすぎないのかを識別する合理的な基準がないわけではない[149]。そ
こで，このような可読領域の情報も真相解明のために活用すべきであるという考

---

[148] 組織として見た場合，品質保証の観点から外部機関による認証評価の枠組みができることは，信頼
性の維持向上に有益であるといえよう。第1章第11参照。なお，後出第5の2(4)。

[149] スタターピークのピーク高は，通常本来のアリルのピーク高に比べて15％未満であるとされている。
Butler（福島ほか訳）前掲注102）110頁参照。

え方もないわけではないであろう。しかし，余裕を持たせた検出限界の設定は，あえて確実かつ安定的なデータが得られる範囲に認知を絞ることにより，得られた検出結果の信頼性を高めることになるといえる。それ未満のピークは，仮にグラフチャート上認識できたとしても，型として判定しない扱いとしていることも，確実を期した慎重な姿勢ということができよう。

したがって，現状においては，このような余裕を持たせた検出限界の設定の下，機械的に検出され，判定された型については，試料がそのような型を含んでいることについては，疑いを入れる余地がないものと考えられる。

もっとも，この閾値を下回るエレクトロフェログラム上の情報の取扱いには慎重な配慮を要することもある。

この領域に低いピーク様のものがあった場合でも，それが検査上避けられないノイズやＰＣＲの過程で生じた副産物であるスタターピークにすぎないとすれば，無視してよい。しかし，検出限界以下とはいえ，それが検体に含まれるＤＮＡによるピークと理解されるものであれば，事案によっては対照者との相反の疑いや，混合斑痕の疑いなど，事実認定を左右する情報が含まれることになることもあり，型を明らかにするという積極方向では用いるべきではないとしても，検出された型以外の型が含まれているのではないか（それが合理的な疑いを入れる事情となり得るのではないか）という観点からの検討が必要な場合もあろう。また，コンタミの疑いの徴表として，得られた検査結果の証拠価値を左右することもあり得る。争点との関係でＤＮＡ型鑑定の信用性ないし証明力が争われる場合において，このような問題の有無は，鑑定書だけでなく，エレクトロフェログラム等の検討をしなければ明らかにならないから，挙証者及び反対当事者は，エレクトロフェログラム等の検討も欠かすことはできないといえる。また，閾値未満のピーク様のものが，上記のいずれに当たるかについては，専門家の知見を求めるのが相当であろう。

(2) 型の検出できない座位があることと検査の信頼性

ア オフラダー

エレクトロフェログラムに上述の検出限界を超えたピークが現れているのに，検出ソフトで型判定不能となる場合として，想定されている既知の型と合わないという場合（オフラダー　Off Ladder）がある。

前記の陽性コントロールのデータに問題がなく，当該座位のヘテロ接合（94頁参照）をなす一方のアリルが既知の型として判定されているようなときには，これとピーク高の均衡を欠かず，型判定できないとされたもう一方は，一般的によく観察されるアリルと対比して，塩基の挿入，欠失，置換という変異が起きているために，型判定できなかったと考えられることが多いであろう[150]。検査自体の信頼性に疑問を投げかける問題ではないと整理することができよう。

---

*150 藤田・前掲注103）139頁は，型判定不能の場合は，シークエンス（sequence）まで行い，塩基配列を解読すべきであるとする。

イ　微量資料（試料）

㈎　検査の不安定さ[151]

　　ＰＣＲは，理論的には１サイクルの反応で対象領域のＤＮＡが２倍に増幅されるが，実際にはサイクル数が多くなってくると増幅効率が低くなってくる[152]。しかし，初期の反応段階ではほぼこの原理に従うから，このＰＣＲの初期反応段階で鋳型ＤＮＡをうまく捉えて増幅に成功するか否かが，その後の増幅に利用される鋳型ＤＮＡ量を決めることになり，最終的に検出されるＤＮＡ量に大きな影響を与えることになる。

　　ところが，微量試料では，初期のＰＣＲ反応段階で試料の対象領域の鋳型となるべきＤＮＡが少ないため，対象領域が鋳型ＤＮＡとしてうまく利用される場合と利用されない場合とのばらつきが生じる。このため，同じＤＮＡ試料を用いても，ＰＣＲの結果がその都度まちまちになり，含まれるアリル型が検出されるかどうかも異なってくるという現象が生じる。この違いは指数関数的な増幅量の差となって表れるため，陽性と陰性の差は意外なほど明瞭であることが多い。これはＰＣＲのStochastic Effect（仮訳として「確率効果」）と呼ばれる。

　　この「確率効果」によって幾つかの現象が現れる。例えば，ある座位でヘテロ接合体の試料から検出された２つのアリルピークは，十分量の試料であれば低い方のアリルピークでも高いものの60％以上（又は50％以上）はあるとされている[153]。しかし，ヘテロ接合体であっても微量なＤＮＡから検出されると，２本のアリルピークの高さがこのような均衡を顕著に欠くことがある（allele imbalance）。

　　また，ある検査では検出されたアリル又はローカスが，再度同一条件で検査しても，全く検出されないことや（アリル・ドロップアウト，ローカス・ドロップアウト），由来不明のアリル型も検出されてしまうこと（アリル・ドロップイン）が生じることがある【図13】【図14】。

　　さらに，一般的には対象領域の短い座位ではアリルが増幅されやすく，長い座位では増幅されにくいという傾向がある。しかし，検出感度限界付近のＤＮＡ量では，確率効果のため必ずしもその傾向に従うとはいえず，時には比較的長い座位でアリルが検出されているのに，短い座位でアリルが検出されないことも生じる。

　　このような確率効果は試料のＤＮＡ量が200ピコグラム（又は100ピコグラ

---

[151]　個別に注記するほか，この項の記述につき，玉木・前掲注107）7頁以下，Butler（福島ほか訳）前掲注102）59頁，148頁以下参照。なお，一般にヒト細胞1個に含まれるＤＮＡ量は約6ピコグラムであり，100ピコグラムは，細胞約16個分のＤＮＡ量ということになる。

[152]　前記注107）参照。

[153]　玉木・前掲注107）7頁。

ム）未満の場合に起こってくるとされている[*154]。

　このような微量資料（試料）（low copy number：ＬＣＮ，あるいはlow template ＤＮＡ）については，その分析方法を通常量の方法よりもＰＣＲサイクル数を増やして検出感度を上げたり，検査結果の特別な解釈（基本的に確率効果によるアリル・ドロップアウトが生じている可能性を考慮し，検査結果は必ずしもＤＮＡに含まれる全てのアリルを示しているとは限らないと考え，混合試料の作製確率の計算では，アリル・ドロップアウトの確率を考慮して行ったり，時には，あるピークは由来不明のピーク（アリル・ドロップイン）として考えて計算したりするなど。）が考案されている。しかし，その解釈の危うさを指摘する見解もあり，欧米では，ＬＣＮ解析を積極的に進める国と慎重な国とに分かれており，米国では事件によってＬＣＮ解析の有用性についての見解が異なるという。

　我が国の科警研，科捜研は，現在，このような微量資料（試料）についてＰＣＲサイクル数を通常より増やして検出感度を高めて行う分析方法は，信頼性，再現性が十分に担保できないとして，鑑定に用いることに消極的である[*155]。

---

*154 無論，鋳型ＤＮＡ量がこの値に達していさえすれば大丈夫であるという閾値と理解すべきではない。
*155 研究員のインタビュー結果による。

（出典）NIST（アメリカ商務省国立標準技術研究所）Sensitivity Data with low level DNA templates.
（http://www.cstl.nist.gov/div831/strbase/LTDNA.htm）

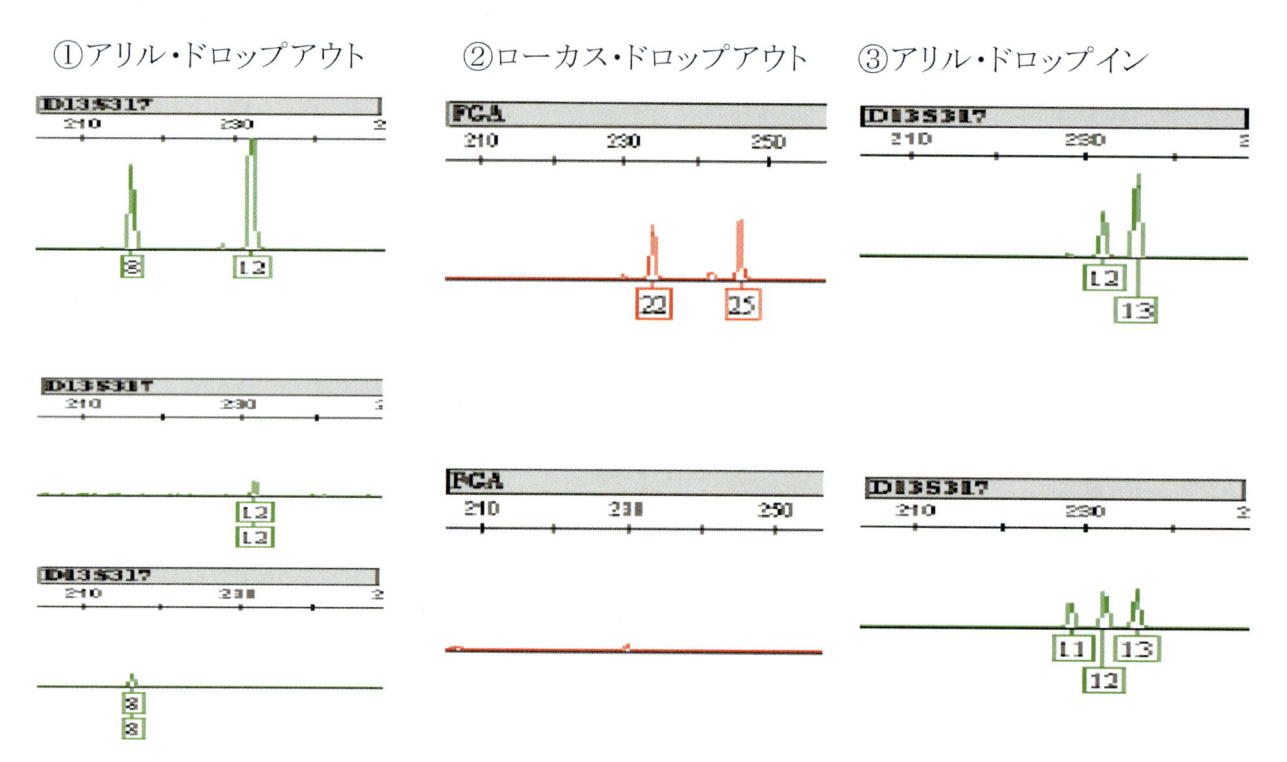

①アリル・ドロップアウト　　　②ローカス・ドロップアウト　　③アリル・ドロップイン

　①の例では，Ｄ１３Ｓ３１７座位について本来８−12型であるのに，２回目の検査で
は８型のアリルが脱落し，12型のホモ接合と判定され，３回目では逆に12型のアリルが
脱落し，８型のホモ接合と判定されている。

　②の例では，ＦＧＡ座位について１回目では22−25型が検出されたが，２回目ではそ
の座位について全くアリル型が検出されていない。

　③の例では，Ｄ１３Ｓ３１７座位について本来12−13型であるのに，２回目の検査で
は，由来の分からない11型のアリルが検出されている。

【図14】 テンプレート量と型判定の安定性

　この図は，ＤＮＡ型が既知の同一人のＤＮＡ抽出試料から，100ピコグラム，30ピコグラム，10ピコグラムを鋳型として31サイクルのＰＣＲ増幅してアイデンティファイラーキットで検査することを，それぞれ10回ずつ繰り返した結果を示したもので，各座位で2つのアリルが検出できた場合(緑色)，片方のアリルが脱落した場合(アリルドロップアウト・黄色)，両方のアリルとも脱落した場合（ローカスドロップアウト・赤），由来不明のアリルが検出された場合（アリルドロップイン・黒）で表したものである。100ピコグラムの資料からは毎回完全な型の検出が得られたが，30ピコグラムでは，アリルドロップアウト（ローカスドロップアウト）やアリルドロップインが散見され，10ピコグラムという微量資料ではこれらが頻発して再現性が担保されていない。

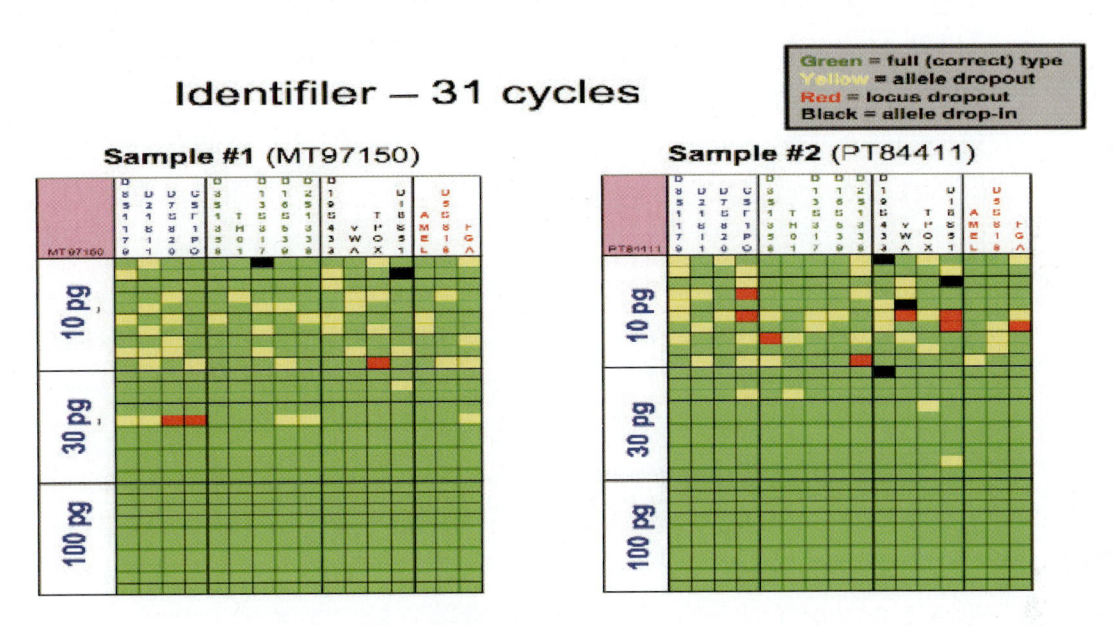

（出典）NIST（アメリカ商務省国立標準技術研究所）Sensitivity Data with low level DNA templates.
(http://www.cstl.nist.gov/div831/strbase/LTDNA.htm)

　　ＰＣＲ法により理論上は細胞１個からでもＤＮＡ型鑑定が可能なようにいわれるが，以上のとおり，余りに少ないＤＮＡ量からの型鑑定は，不安定で再現性及び信頼性が担保できないといわざるを得ないであろう。また，僅か１個の細胞が残っていることが犯罪証明に意味を持ち得るかという問題も生ずる（前記第２の１参照）。すなわち，現状以上に高感度を求める検査は，実用上意味がないということもできる。

　　そうすると，ＰＣＲ前の段階で行う定量（抽出ＤＮＡの濃度検査）において，検体から抽出されたＤＮＡ量が適量に達しているかは，検出結果に対する信頼性の基礎ということになろう。

　　もっとも，実際の鑑定では，試料が微量と見込まれ，ＰＣＲ前の定量を行うことによる抽出液の一部消費すら惜しまれる場合もあり得る。そのような場合に定量を行わない判断の合理性は，ないとはいえないが，上述の確率効果の問題点に照らせば，ＰＣＲ以降の検査過程は複数回行って同一の結果が得られるかを確認する（前記２(1)イ(ア)）など，再現性が保たれていることの保証は必須であろう[*156]。

ウ　劣化資料（試料）

　　ＤＮＡは，それが含まれる資料（人の組織や体液）が腐敗その他変質していくとともに分解していく[*157]。分解が進むと，ＤＮＡのある程度長い（200塩基対以上の長さの）領域をＰＣＲ増幅して検査するＳＴＲの多くや，その他のＤＮＡ多型では正確な検査が困難になる。そのため，通常行われているアイデンティファイラーキットでは15座位のうち一部しか型が検出できないことが起こる[*158]。

　　前記ミニファイラーキット（注115参照）は，アイデンティファイラーキットの中の８座位のＳＴＲ型とアメロゲニン型の計９種類のＤＮＡ型検査キットで，トータルとしての識別力は劣るが，プライマーの設定を変更し，増幅塩基サイズが99〜201塩基長分短いため，断片化された低分子ＤＮＡでも型検出で

[*156]　当然，再検査も不能な場合であるから，後の再評価に備えて，検査経過の記録化についても十全な配慮が望まれる。

[*157]　ちなみに，ＤＮＡの分解の促進因子としては，第１の５でも言及したように

①　高温多湿（例えば水中から発見された死体の場合，２〜３年であれば，骨からＤＮＡを採取することができるが，それ以上の期間漬かっていたとなると，骨の芯まで水の影響が及び，ＤＮＡを採取できないことがある。）

②　酸やアルカリ（日本の場合，火山性の土地が多いこともあって，酸性の土壌が多いが，土中に長期間埋められていた死体の場合には，骨が劣化してしまいＤＮＡが採取できないことがある。）

③　ＤＮＡ分解酵素（ＤＮアーゼ。我々自身の汗，唾液，体液などに含まれている。）

といったものがある。

[*158]　そのような資料（試料）と思われるのに，多くの座位で鮮明にＤＮＡ型が検出されるようなときは，コンタミを含む他者のＤＮＡによって事後的に汚染されている可能性を疑うべきかもしれない。なお，赤根・前掲注107) 182頁に紹介されている例を参照。

きることがあるとされる。アイデンティファイラーキットの検査では，不明あるいは不検出とされている型があるときには，アイデンティファイラーキットの検出部分についての正確性・厳密性を高めるためにミニファイラーキットを導入すべきことが提唱されている[159]。

　また，存在量が多いミトコンドリアＤＮＡを検査して結果を得ようとすることも考えられるであろう（ゲノムＤＮＡに比べＰＣＲによる検出がしやすいため，数千年前のミイラや一本の毛髪などの微量資料からでも十分に分析できるという特徴が指摘できる。）。しかし，ミトコンドリアは母系遺伝であり，父親からの情報は含まれないため，父子鑑定には利用できない。また，同一個人が複数種類のミトコンドリアＤＮＡ型を有すること（ヘテロプラスミー）[160]がまれでなく，そのような場合であるのに，微量試料のため複数種類の型が検出されないときは，同一性について正確な判定に困難を生じることがある。

　ミニファイラーキットに代表されるミニＳＴＲやミトコンドリアＤＮＡは，ＤＮＡの分解が進んだ試料からも比較的検出しやすいＤＮＡ多型だが，これらも試料の状態が悪いほど正確な検査が困難になるのは同じである[161]。

　一般化した検査法ではＤＮＡ型鑑定ができない場合に，種々手を尽くした末にＤＮＡ型に関する何らかの検査結果が得られたというようなときには，その信頼性の評価及び事実認定への利用は，専門家による十分な説明を得た上で慎重に行われる必要があると考えられる。

(3)　１つの座位に２つを超えるアリル型が検出された場合と検査の信頼性

　通常，１人分の試料を型判定するとき，トリアレリック・パターンという１個人が３つのアリルを有するような特殊な場合を除けば，どの座位においても最大２個までのアリルしか検出されないので，３個以上のアリルが検出されたときは，その試料には複数人のＤＮＡが混ざり合っているといわざるを得ない。そのような検査結果が得られるのは，現場から採取された資料自体が複数人のＤＮＡの混ざり合った混合資料であることもあれば，前記2(2)のような，採取，保管，検査の過程で，無関係な他者のＤＮＡが混入してしまったコンタミの場合もあり得る。

ア　コンタミか混合資料か

　前述のように，現場資料自体が混合資料であったのか，資料の採取，保管，検査の過程でコンタミを生じたのかは，検査結果だけからは通常判別し難い[162]。

　しかし，陰性検査からも何らかのＤＮＡ型が検出されたような場合には，検査過程におけるコンタミが疑われるし，把握されている採取，保管，検査従事

＊159　藤田・前掲注103）139頁。

＊160　Butler（福島ほか訳）前掲注102）237頁参照。

＊161　赤根・前掲注107）181頁。

＊162　衣類や壁，床などに付着した現場資料を採取する際に，血痕ようのものなどが付着している部分だけでなく，そうでない部分からも対照用の資料を採取してあれば，素地の汚染の有無を把握する資料となろう。

者の型が検出された場合も，同様であろう。このような場合には，検査結果自体，信頼に値しないものといわざるを得ないであろう。

他方，そのような事情がなく，採取，保管，検査の過程を通じて，コンタミ防止の策が十分に講じられていたかどうか等を慎重に検討した上で，コンタミを疑わせる合理的な根拠がない[163] といえるのであれば，次のような混合資料（試料）として検査結果を評価すべきものと思われる。

イ　混合資料（試料）

コンタミの疑いが排除できれば，検査結果そのものの信頼性に影響する問題はないといえる。

しかし，混合資料（試料）としての型判定結果を評価する場合も，最終的には，対照試料と対比して異同識別をすることを予定するものであるが，そこでは後記第4の4のとおり，対照試料の型が混合試料の全ての座位で検出されていても，対照者は関与者であるとしても矛盾しないという判断にとどまり[164]，積極的に関与者であるかどうかを検討するためには，確率を考えた解釈が必要となってくる。そのための専門的知見が必要である。

また，実際の混合資料（試料）では，複数のＤＮＡが等量で混合しているのではなく，様々な割合で混合している[165] し，採取された部位によっても一様ではない。そして，通常はエレクトロフェログラムのアリルのピーク値（又はピークの面積）の大きさは，試料中のＤＮＡの存在量の比に対応する[166] から，関与者の数が明らかな場合には，これを参考にして関与量の多い者と少ない者それぞれの型の推定を行うことが可能な場合があるとされる[167]。しかし，混合資料（試料）の場合，前述（第3の4(1)）のスタターピーク（110頁参照）なのか，関与の少ない者の真のアリルのピークであるのか区別がつきにくく，注意深い検討を要することがあり（111頁参照），やはり専門的知見を求めておく必要がある。

---

[163] 前述のとおり，コンタミの可能性を完全にゼロにすることはできないが，さりとて，その防止策が全過程において十分に講じられており，かつ，コンタミを疑わせる合理的な根拠もないのに，コンタミのおそれをいうことは，抽象的な疑いをもって検査結果の信用性を否定する立論というべきもののように思われる。

[164] 検査結果のみから混合前の各資料の型を特定することは困難である。検査結果から被疑者のＤＮＡに由来するピークが含まれる予想が説明できたとしても，それは数多くの組合せの中の一解釈であることを考察する必要がある。前記注146）「ＤＮＡ鑑定についての指針（2012年）」参照。

[165] 2名のＤＮＡを各種比率で混合した試料からアイデンティファイラーキットにより混合資料として検出できる混合比率の限界は20：1であり，含まれる全ての対立遺伝子が検出される混合比率は5：1であったという報告がある（笠井賢太郎ほか「証拠資料からのＤＮＡ型検査法（第3報）」科警研報告58巻（平成19年）1号32頁）。

[166] Butler（福島ほか訳）前掲注102）140頁。

[167] 玉木・前掲注107）6頁。

第4 異同識別に関する諸問題 （【図11】の問題領域Ⅱc）

1 型の対比と意味

(1) 型の不一致による同一性否定

前述（第1の3(2)ウ）のとおり，1座位でも矛盾[168]することになれば，個体としてのヒトのDNAは，移植などを受けていない限り，身体の全ての組織について共通で，終生不変であるから，同一人のものといえないことになる。

もっとも，DNA型による血縁鑑定では，親子間で血縁関係に矛盾のある場合であっても，真の親子間でありながらその座位の突然変異が生じた可能性もあるため，一般的に1座位でのアリル不一致（孤立否定）で血縁関係は否定されず，2座位以上の矛盾がある場合については，突然変異率を考慮したり，検査座位を増やしたり，性染色体・ミトコンドリアDNA多型の検査を併用するなどの対応を考慮するものとされる[169]。しかし，これは世代をまたぐ血縁鑑定の領域での問題であり，同一性識別において考慮される事柄ではない[170]。

(2) 型が一致した場合

この場合は，型の同一が帰結されるだけで，個体としての同一性が直接導かれるわけではない。複数の型が全て一致していたからといって，同一性を完全肯定することはできず，確率的に「この人らしい」と言えるだけである。

しかし，前記第1の3(2)ウのとおり，アイデンティファイラーキットによるSTR15座位の全てのアリル型が一致した場合，そのような偶然の一致が出現する確率は，非血縁関係にあることを前提とすれば，各座位のアリル型中最も出現頻度の高いものだけを掛け合わせたときでも，約4兆7000億人に1人で，通常は10京（10^{17}）人から1垓（10^{20}）人に1人という更に低い値になり，高くてもせいぜい100兆人に1人程度であるとされる[171]。

また，血縁関係を前提としても，両親を共通にする同胞ペアにおいては，数

---

[168] 型の検出に解釈上の問題がある場合（前記第3の4(2)(3)）には，これらの問題の解決が先決である。その上で，現場資料のDNA型と対照資料のDNA型とが1座位でも矛盾するとされた場合を採り上げている。

逆に言うと，現場資料のDNA型と対照資料のDNA型とが一見食い違っているようであっても，矛盾しないという合理的な説明が可能な場合があるが，それはここで論じていることとは問題の次元を異にする。

[169] 前記注146)「DNA鑑定についての指針（2012年）」4.3)。

[170] なお，微少資料（試料）や劣化資料（試料）における不安定な型の検出において，アリルドロップアウトやアリルドロップインが論じられることがある（前記第3の4(2)イ(ア)）が，そもそもそのような不安定な検査結果しか得られていない場面では，それを前提に同一性の肯定・否定の議論をすること自体の問題性を忘れてはならないであろう。

[171] なお，少数又は特定人種間など閉鎖集団では，ホモ接合体の出現頻度計算について，p^2（前記第1の3(2)イ参照）を$p^2 + p (1-p)^\theta$と補正することが推奨されており，典型的な大規模集団については$\theta = 0.01$を，より小さく隔絶されたかなり近交の集団では$\theta = 0.03$を，上記の式における補正値として用いるべきであるとされる。しかし，このような補正値を用いても，通常，出現頻度に同一性識別上有意な変化は生じない。Butler（福島ほか訳）前掲注102) 437頁参照。

百万組に1組で偶然の一致が見られる可能性があるとされるが，そのような同胞ではない限りは，なお偶然の一致には世界人口をはるかに超える数を必要とするとされる*172。

したがって，ＳＴＲ15座位の型が全ての座位で一致した場合には，上記のような天文学的な出現頻度は，一卵性の同胞（その他両親を同じくし，かつ，事件との関係が疑われる同胞）がなければ，確率論的に同一人に由来することを確実視できるだけの根拠を与えるといえる*173から，そのような科学的知見を媒介として，科学的に合理性のある推論としては，同一性の認定をすべきことになろう。

2　外国人等の場合の出現頻度と同一性識別

アイデンティファイラーキットによるＳＴＲ型検査において検出される15座位の各アリル型の出現頻度は，我が国の刑事実務上は，前記注120）の科警研の検査データを使用して算出されることが多いが，飽くまで日本人を前提としたデータである。しかし，国際化が進む中，犯人又は被害者を始めとする事件関係者には，世界各地から我が国にやってきたいろいろな人種・民族出身の者が含まれる蓋然性も想定しなければならない。そして，各座位の各アリル型の出現頻度は，人種や民族によって微妙に異なっているのが実情である*174。しかし，出身国，民族・人種等によって各座位の多型性が失われることがあるという報告はない。そうである以上，日本人以外の関与が疑われる事件であっても，アリル型が全て偶然一致するという事態は，各座位の多型性のゆえに，分母が天文学的な数値となるような確率でしかあり得ない，というＳＴＲ型ＤＮＡ型鑑定に基づく同一性識別の基盤は維持されているといえる。したがって，民族・人種に即した頻度データがなければ同一性識別ができないということではなく，ただ，日本人ではない関係者の同一性識別においては，統

---

*172　玉木・前掲注107）4頁。著者の京都大学大学院医学研究科法医学講座玉木敬二教授にインタビューしたところでは，コンピュータシミュレーション上，①非血縁の中では，10京（10の17乗）の出現頻度の個体が，両親を同じくする兄弟間では，数百万人に1人という偶然一致率を示し，また，②非血縁者ペア2万組を作成したところ，平均1.3座位しか一致が見られず，8座位の一致を見たものが1組だけ認められたが，9座位以上が一致した例は1つもなかったのに対し，血縁者間の2万組では，9座位以上の一致が親子で20～30例，同胞では千数百例現れる可能性があるという結果が得られた，という。

*173　玉木教授を始めインタビューした法医学関係者は，いずれもそのような理解を示されていた。他方，和田・前掲注139）117頁は，4兆7000万人に1人という出現頻度を前提にしても，世界人口あるいは日本人口の全てが異なるＤＮＡ型である確率はほぼゼロと計算されるとして，「万」人不同はいえても「億」人不同はいえないという。しかし，出現頻度を媒介とした同一性識別の考え方は，同一ＤＮＡ型の持ち主がほかにも存在し得ることは当然の前提として，その確率論的希少性に着目するもので，論理的な意味や自然科学的な意味で「唯一無二」といえるかどうかを同一性識別の前提としているわけではないように思われる。

*174　Butler（福島ほか訳）前掲注102）420頁。プロメガ社のＳＴＲ検査キットである「パワープレックス16システム」の日本語プロトコルでは，同キットによる識別力につき，ＳＴＲ15座位の適合率はアフリカ系アメリカ人では約141京分の1，白人系アメリカ人では約18京3000兆分の1としている。

計学的・確率論的数値としての出現頻度を，前記科警研データから具体的な値として求めることはできない（したがって，認定説示に注意を要するべきは当然である。），というにとどまると考えられる。

3　型が検出されなかった座位がある場合の問題

アイデンティファイラーキットはＳＴＲ15座位とアメロゲニン型を検出するものであるが，現場資料（試料）からは，時としてその一部の座位のアリル型が検出できないことがある。ＤＮＡ型鑑定の技術が進歩し，分析感度が高まっても，試料中のＤＮＡの断片化が進んでいたり，量が少なかったりすることのほか，プライマーセットの適不適[175] 等によってもＰＣＲによる増幅が成功しないことがあり，検出できる座位とできない座位とが生じることは，必ずしもまれではないのである。

そのように一部の座位のアリル型が明らかでない場合でも，前記のとおり，アリル型が検出された座位において，１座位でも矛盾すれば対照者との同一性は否定されるから，同一性排除の方向では，全ての座位からアリル型が検出されている必要がないことはいうまでもない。

これに対し，15座位中の一部に何らの型も検出できなかった座位があるが，型が検出された座位については対照者の型と一致しているという場合に，これを同一性肯定の方向で判断資料として用いることができるかについては，問題がある[176]。

(1)　この点，単純に考えれば，各座位の型の出現頻度が独立である以上，検出できた座位のアリル型の出現頻度が持つ意味は，不検出座位のあることにより必ずしも否定されるものではないし，各座位のアリル型の出現頻度を掛け合わせて全体の出現頻度を計算することの合理性も変わらないはずであるから，型が検出された座位については，その型の出現頻度[177] を，何らの型も検出されなかった座位については，あり得る全てのアリル型の出現頻度を意味する「１」を，それぞれ掛け合わせることにより，全体の出現頻度を計算することができるものと考えら

---

[175] 検査対象座位前後のプライマーが結合する部位に変異があると，そのプライマーでは，当該座位について鋳型ＤＮＡがあるにもかかわらずＰＣＲ増幅が行われず，検出できないことになる（ヌルアリル）。市販キットでは，変異の起こりやすい部位を避けてプライマーを設計したり，既知の変異に対応した数種のプライマーを同こんさせたりするなどして対応を図っているが，全ての場合に対応できるわけではない。もっとも，このような場合は，仮にヌルアリルとなっても，現場資料と対照資料とにいずれも同一のプライマーセットを使用する限り，同一個体に由来するならＤＮＡ型は完全一致するはずであるとはいえるのであり，問題は，データベース照合におけるような，使用プライマーを異にするかもしれない場合の型照合に生じるであろう。以上につきButler（福島ほか訳）前掲注102）117頁以下。

[176] 実際上は，微量資料や混合資料の問題ともオーバーラップすることが多いが，問題の単純化のため，ここでは採り上げない。これらの問題が複合する場面における解釈，評価について別途慎重な配慮が求められることはいうまでもない。

[177] なお，条件が十全でない現場資料においては，ある座位について１つのアリル型しか検出されなかった場合，それがホモ接合体なのか，ヘテロ接合体の対立アリルが検出されていない場面（ヌルアリル，アリルドロップアウト等）なのかが明らかでないことがある。そのようなときには，その検出されたアリル型が「含まれる」出現頻度（$2p - p^2$。pは当該アリル型の出現頻度）を用いることになろう。

れる。そして，仮に10座位前後でアリル型が検出でき，それが対照者と全て一致すれば，その出現頻度の積は，世界人口を大きく上回る数に１人という値になることがある*178 し，５座位程度の一致（10座位は不明）でも，数十万から数百万人に１人の割合（例として前記第１の３(2)イ）というように，具体的事件との関係で想定される集団の中からという限度であるにせよ，異同識別に相応の意味を持ち得る値が得られることがある。このように考えると，一部に検出されなかった座位がある検査結果でも，異同識別の判断資料として用いることに妨げはないように思われる

(2)　しかし，本研究の過程で，次のような問題提起に接した*179。すなわち，「型が判明した座位だけに基づいて単純に出現頻度を求め，異同識別をしようとすることは，それ自体が同一性肯定へのバイアスがかかった判断姿勢であり，検査結果の『いいとこ取り』『つまみ食い』であって，客観性・公平性を欠けるというべきである。アイデンティファイラーキットは，１つのキットの中で15のテストを行うものであり，その検査の結果，型が判明しない座位については，相反する結果が得られる可能性は否定できないし，型が検出されなかった座位が生じた原因が何であるかについても，検査結果の信頼度に関わる問題として看過できない。そのようなことへの慎重な配慮なしに，上記(1)のような考え方を一般化して安易に用いると，型が明らかになった座位だけに着目し，それが明らかでない座位があることを無視して，そのプラス（肯定）方向の出現頻度だけで同一性識別をしようとすることになりかねず，とりわけ不検出座位がそれなりにある場合，非常に危険である。不検出座位がある検査結果に基づいて同一性を判定したり，肯定方向の判断材料としたりすることは，すべきではない。」というのである*180 *181。

＊178　アイデンティファイラーキットの前に用いられていた前記注112）のプロファイラーキットは，アイデンティファイラーキットにも含まれている９つの多型性座位とアメロゲニン型の合計10種類のＤＮＡ型検査を行うものであるが，日本人1200人をサンプルとした検査結果では，これら９座位のもっともありふれたヘテロ接合の組合せの出現頻度は，約1100万人に１人であるとされる（木下外晴「ＤＮＡ型鑑定の運用に関する指針の改正について〜フラグメントアナライザーを用いた新短鎖ＤＮＡ型検査法の導入〜」警察学論集56巻９号（平成15年）40頁）。しかし，圧倒的大部分の日本人においては，億単位以上分の１となり，９座位全てが同じ型の日本人はほとんどいない，とも指摘されていた（岡田薫「ＤＮＡ型鑑定による個人識別の歴史・現状・課題」レファレンス平成18年１月号18頁）。

　　　また，プロメガ社の「パワープレックス１６システム」の日本語プロトコル中に掲げられている同社「パワープレックス1.2システム」によるＳＴＲ８座位の適合率はアフリカ系アメリカ人では２億7700万分の１，白人系アメリカ人では１億1500万分の１とされている。

＊179　研究員が前記注172）の玉木教授にインタビューした中で，問題提起されたものである。

＊180　ただし，この問題提起は，15座位を対象とする検査で得られた結果に対する評価の姿勢としての公平性をいうものであり，例えば，検査項目の全ての座位で一致したが，「型判定である以上，15座位が一致しても，検査外の16番目，17番目の別の座位で検査すれば，なお矛盾する型が検出される可能性があるから，同一性は認定されるべきではない。」というような主張をするものではないことに留意する必要がある。このような主張は，抽象論をいうものにすぎず，15座位で得られた検査結果の信頼性を何ら左右するものではないからである。

(3) 実際上，現場から事案解明に有益な資料が常に豊富に獲得できるわけではない中で，ＤＮＡが含まれると期待される現場資料があっても，そこから一部座位が検出できないという事態は必ずしもまれではないが，検出できた型が事案解明に有益な資料を提供する可能性があることは否定できないように思われる。

他方で，(2)の見解が投げかける問題には重いものがある。とりわけ，検査結果が不完全な形でしか得られていないのに，不明な部分が包含する矛盾する事実のリスクに思いを致さず，明らかになった部分だけを採り上げて安易に判断のより所とすることは，それ自体誤った結論を導く危険があるといわざるを得ないし，「科学的証拠」による判断の名の下にそのような事態に至った場合には，ＤＮＡ型鑑定を始めとする科学的証拠に基づく裁判全体の信頼性を失わせることにもなりかねない。

なお検討を尽くさなければならない点が残されているとは思われるが，(2)の問題提起を踏まえ，最低限，安易な「つまみ食い」的利用に陥ることを厳に戒め，次のとおり，不明座位があることに慎重な配慮を払い，その証明力の限界をわきまえて異同識別の判断資料として用いるべきものであることは忘れてはならないであろう。すなわち，型が明らかでない座位がある場合，その原因がどのあたりにあるのかとか，異同識別の上ではらむリスクなどを専門家の助言を得て適切に考慮し，それらを踏まえて，検出された座位のアリル型が持つ意味を慎重に評価することが必要である。

例えば，前述のように，科警研・科捜研では，フラグメントアナライザーの検出限界を150RFUとしており（前記第1の4(5)，第3の4(1)），それを下回るピークは，仮にエレクトロフェログラム上には有意に型と認識できるものとして記録されていても，鑑定上は「型」として判定されないし，また2回検査をしてそろって同じ型が検出されないときも，型不検出と判定するというように，型判定について慎重な運用をしている。したがって，エレクトロフェログラム等の検査データからは型を意味するピークが読み取れるが，2回の検査のいずれか又は両方で，設定された検出限界を下回るなどしたために，一部の座位において型が不検出とされることがあり得る。このような場合には，検出限界を下回るがデータ上は型と識別できるピークは，型判定の基準を満たしたものではないが，当該座位が不検出となった原因を明らかにするものであるし，かつ，それが対照者の型と合致していることが認められるのであれば，不検出座位に対照者と矛盾する型が含ま

＊181 玉木教授は，本文に紹介したところに加え，要旨「不検出座位について，配列が長いローカスが出にくくなっているなど，資料の劣化，断片化等で出なかったという合理的な説明が可能な場合もあり得るが，出なかったことについての説明がそれで尽くされるのかは疑問であり，1つの仮説としては成り立つが，他の可能性を排除できない。欧米では，積極的に，検出ローカスのみに着目した解釈をする見解があるが，私はそれは危ないと思う。全部出ていれば，余分なピークについては解釈のしようがある。しかし，出ていないものについては，変成していたとか落ちていたという説明が必要だが，それは難しい。現状では，不検出座位のある検査結果は同一性識別には使えないという立場を取るべきだと考えている。」旨述べられた。

れる具体的な懸念を排除するものといえる。したがって，このような理由から一部に不検出座位のある鑑定であれば，これを用いて同一性判断の基礎とすることに妨げはないということができよう（ただし，出現頻度の計算等は，当該鑑定で判定された型のみに基づいてなすべきものと考えられる。）。

また，一部座位について型が検出されなかった理由がＤＮＡの断片化等によるものと考えられる場合には，検査する座位は８座位に限られるが，比較的断片化した試料にも有効な検査であるミニファイラーキット（前記注115参照）により再確認をし，検査の正確性・厳密性を高め[182]，その結果を用いることも考えられよう。

さらに，型が検出されなかった座位があることのリスクは，その数によって異なる。前記(2)の問題提起がまさに「バイアス」として問題視する点にも関係するが，同一個体に由来するかどうかという異同識別に問題設定を限ると，15座位中一致する座位が多くなればなるほど，不明座位に偶然不一致が含まれる可能性は，これと反対にどんどん少なくなっていくということができるのであり，少なくとも不明座位が僅かであれば，不明座位に係る相反リスクは著しく低いということができるように思われる。他方，不明座位が数座位ないしこれを超えるようなときには，明らかになった型のみで，計算上求められる出現頻度が何千万人に１人とか何億人に１人などいうような値になるとしても，それだけに注目して，不明座位があることを看過することは危ういのであり，専門家に異同識別上の意見を求める場合も，計算上の数値を前面に押し出すのではなく，当該事案において，ＤＮＡ型鑑定の結果から何がどの程度分かったといえるのか（あるいは，分からないままなのか）を，不明座位を含めて分析された『確からしさ』の程度を踏まえ，言語表現で分かりやすく説明してもらうのが相当であろう。そして，現場資料の不検出座位数が少なくない場合は，検出された限度では全て対照資料と一致するとしても，これを積極的な同一性推定の方向で用いることには慎重であるべきであり，「同一人に由来するとしても矛盾しない」という限度の証拠価値にとどまると理解するのが相当であろう。

4　混合斑痕における考え方

前述のとおり，現場試料が混合試料である場合，対照試料のＤＮＡ型が現場試料の全ての座位で検出されていても，対照試料提供者は現場試料の関与者であるとしても矛盾しないという判断ができるにとどまる。

(1)　確率論によるアプローチ

しかし，確率を考えた解釈により，積極的に関与者であるかどうかを検討することができることがあるとして，次のような手法が紹介されている[183]。

ア　すなわち，まず，混合試料の関与者として対照者が矛盾しない確率（矛盾し

---

*182　ＤＮＡ型が一部検出のものについては，前記注115）のミニファイラーキットにより再確認をし，正確性・厳密性を高めるべきであるとするものとして，藤田・前掲注103）139頁。

*183　玉木・前掲注107）5頁以下。

ない型の出現頻度）*184 を各座位につき求めて計算すると，15座位を対象とするアイデンティファイラーキットによる検査の場合，関与者となり得る確率はそれなりに低くなり，対照者が矛盾しなければ，それだけ関与者としての疑いが濃厚となるといえる。

　イ　さらに，対照試料提供者が混合試料の関与者として矛盾しない場合，どの程度関与者らしいかを検討するために，尤度比を算出する*185。すなわち，まず，混合試料の関与者の人数を推定し，推定された関与人数を前提に，被疑者・被告人が関与しているかどうかについての仮説をたててその発生確率を算出して，それらの比（尤度比）の値で，どの程度確からしいといえるのかを判断するのである*186。

　　ただし，このような検討は，確率論についての正しい理解と非常に複雑で緻密な計算とが不可欠であり，専門家の協力無しになし得ることではない。さらに，尤度比として得られた値の理解・評価も大きな困難を伴うことを忘れては

---

*184 玉木・前掲注107）5頁には，具体例として，混合試料のＤ８Ｓ１１７９座位において12，13，14の３つのアリルが検出された場合を想定し，ある人がこの試料の関与者として矛盾しないためには，12型，12−13型，12−14型，13型，13−14型，14型の６つのうちのどれかの型でなければならないところ，日本人の場合，前掲注120）の頻度表を基に計算すれば，この型を持つ人の出現頻度は合計約31％となる，という例が紹介されている。

*185 玉木・前掲注107）6頁に具体的な検討手順が紹介されている。

　すなわち，まず，混合試料の関与者の人数の推定は，例えば，関与者が２人と仮定すると，当該混合試料で前記のごとくアリルが３つ検出された場合，その２人の型のあり得る組合せの出現確率は，12×｛（12型の頻度）×（13型の頻度）×（14型の頻度）｝×｛（12型の頻度）＋（13型の頻度）＋（14型の頻度）｝と計算でき，このような計算を各座位で行い，それを掛け合わせて，関与者が２人の場合の出現確率が計算される。これを３人の場合，４人の場合などを計算して，その値を比較することにより，最も高いものが，混合試料の関与人数の候補となる，というようにして行われる。

　次に，このようにして混合試料の関与人数が推定された場合において，被疑者・被告人が関与しているかどうかを判断するには，例えば，関与人数が２人の場合，「H_1：被疑者と誰か１人のＤＮＡが混入して作製された」という仮説と，「H_0：被疑者を含まない誰か２人のＤＮＡが混入して作製された」という仮説の発生する確率を算出して比較する。そこでは，混合試料から検出されたアリルについて，H_1では被疑者のＤＮＡと混合すれば過不足なく，混合試料の結果と同様になるような全ての型の出現頻度を合計する（例えば，前記12，13，14の３つのアリルが検出されている場合で，被疑者は12−14型の場合，もう一人の誰かの型はアリル13を必ず有した型で，その他のアリルを有していてもアリル12又は14以外には持たないという条件となり，実際には（13）型，（12−13）型，（13−14）型の３種類となる）。H_0では，２人が混合するとこの３つのアリルが表れる全ての組合せの出現頻度の合計となる。このようにして，全ての座位の型判定結果について尤度比を計算する，というのである。

*186 この値が１を超えると，混合試料に被疑者・被告人が関与した場合の方が，他の人が関与した場合より起こりやすいこととなる。

ならないであろう*187。

(2)　それ以外のアプローチ

以上のような数学的解釈のほかにも，前記第3の4(3)イのようにエレクトロフェログラムのアリルのピーク値（又はピークの面積）の大きさを参考にして，関与者の型の推定を行うことができる場合があるとされる。

また，上記(1)アによる検討のほか，付着・遺留の状況等の他の証拠により，混合試料が例えば被害者と犯人にのみ由来すると認定できる場合においては，既知の関与者である被害者の混合試料のＤＮＡ型が明らかであるときは，混合試料のアリルのうちこれにより説明のつかないものは犯人に由来すると推認することができ，これと対照試料提供者のＤＮＡ型を比較対照して出現頻度を求められることがある。

5　対照者のＤＮＡ型を検出できない場合の意味

人が活動する上で，唾液の泡まつや皮膚片その他自らのＤＮＡを，自己が所在した場所に僅かなりとも残さないということは，どんなに意識したとしてもほとんど不可能であるといわれる。そして，現在のＤＮＡ型鑑定は，非常に高い感度を有しており，細胞30個程度に相当する約0.2ナノグラム（200ピコグラム）のＤＮＡがあれば，それが劣化等していない限り，十分ＤＮＡ型を解析することができる水準に達している。

そこで，①犯人の何らかの接触があれば，必ず現場にＤＮＡの遺留があるはずであるから，②被疑者・被告人が犯人であるならば，そのＤＮＡ型が現場資料（試料）から検出されるはずで，③そうでないことは，被疑者・被告人が犯人でないことを推定させる旨の主張が行われることがある。

しかし，①は真であるといえても，②は真とはいえず，したがって，③の推論も常に成り立つわけではない。

すなわち，遺留組織が採取されないことがあり得ないといえる場合（例えば，事件との結び付きが明らかな血痕や接触痕等，顕著な遺留組織や痕跡がある場合）は格別，そうでない場合に，現場のありとあらゆる資料につき，くまなくＤＮＡ型検査がされるわけではないし，そのようなことは実際上も不可能である。また，採取資料の劣化，変質，変容の問題もあるし，採取資料中にＤＮＡが含まれていても，その部分が鑑定の対象試料になっていたのかどうか，また，その試料中に鑑定に十分なＤＮＡが含まれているか，同様に混在した他人のＤＮＡの影響はないか，という問題も介在する。

そうすると，事件との結び付きが明らかな遺留資料がＤＮＡ型において被疑者・被告人と相反している場合に，これが犯人性の推認を妨げる資料となることは明ら

---

*187　検察側の立場の仮説に関する尤度比の値の評価について，1000を超えた場合には，"非常に強く支持される"という表現ができるとするガイドライン（EvettとWeirによるもの）が紹介されている（Butler（福島ほか訳）前掲注102）443頁。しかし，前記の出現頻度に引き直せば1000人に1人ということであり，その程度の確からしさで同一性が推定されると評価し難いことは明らかで，さりとてどの程度に達すれば推定力を持つに至るのかは，容易には導き得ないように思われる。

かである（速やかかつ確実な嫌疑の排除ができることもＤＮＡ型鑑定の大きな効用であることはいうまでもない。）が，そうでない場面で，ある資料（試料）から本人と疑われる人のＤＮＡが検出できないからといって，直ちにその資料（試料）が本人のものではないとか接触がなかったとはいえず，本人のものであるかどうか，接触があったかどうかは判断できない，分からないというのが正しい解釈である。これは，ＤＮＡ型鑑定で間違ってはいけない一つの大きなポイントであろう。

第5　資料の収集，保管過程の適正さ（【図11】の問題領域Ⅱａ）について

1　信頼性の大前提

第3から第4までで検討してきたことは，ＤＮＡ型鑑定の科学的証拠固有の科学性に着目した検討のポイントである。しかしながら，信頼できる検査方法に基づいて的確に評価された型判定と評価であっても，対象となる検査資料が，採取までの間に現場に所在した際の状況を離れて，採取過程あるいは保管過程で他人のＤＮＡによるコンタミネーション（汚染）が起きたり，別の資料と混交，すり替え等があったりすれば，もはや適切な事実認定の資料として用いることは不可能になる。既述のとおり，特に微量の生体試料からもＤＮＡ型の分析が可能になってきた現在，極めて微量な他者のＤＮＡの混入が検査結果に影響を与えることになる。

また，生体資料であるＤＮＡは，変質し，断片化しやすく，そうなるといかに検出精度の上がった現在の技術でも適正なＤＮＡ型鑑定はできない。したがって，採取された資料については，ＤＮＡの分解・断片化を防ぐ保管・管理が必要である[188]。

したがって，検査の過程にとどまらず，検査資料の収集や保管の過程で，資料の同一性が確実に確保されることはもとより，コンタミネーションや資料の劣化等が起こらない採取，保管過程の適正さは，ＤＮＡ型鑑定に対する信頼性の大前提であるといわなければならない。

2　適正確保の方策

(1)　日本ＤＮＡ多型学会の「ＤＮＡ鑑定についての指針」

日本ＤＮＡ多型学会ＤＮＡ鑑定検討委員会がとりまとめた「ＤＮＡ鑑定についての指針（2012年）」では，法医資料（低分子化したＤＮＡや微量なＤＮＡを含む場合が予定される場合を総称している。）の鑑定について，資料の取扱いに関し，次のように言及している。

> ＤＮＡ鑑定は提出された資料について実施されるものであり，鑑定人は資料の由来について直接責任を持つものではない。しかし，その検査および検査結果の評価に際しては，資料の由来，採取，保管状況などがＤＮＡ鑑定に影響を与え得る点を確認する必要がある。
>
> 資料採取から検査に至るまでの過程で確認すべきことは，以下のような点が挙げられる。

---

[188] ヒト由来試料は，凍結保存が最もＤＮＡにとって安定した環境といわれている。少なくとも−30℃以下（普通の冷凍庫が−30℃前後），保存に最も良い環境は−80℃以下とされている。これに次ぐ保存環境として，乾燥状態に置くことも挙げられる。

a. 資料採取時から，保管，さらに鑑定人に受け渡されるまでの検査資料の由来が明らかであること。

　　b. 採取時の状況—特に，湿気のある状態，乾燥した状態，気温の高さなどが資料に与える影響を考慮すること。

　　c. 採取後の保管状態—保管時の湿気の程度，保管温度，冷凍・冷蔵などの保存状態を変化させていた場合の，後の検査に与える影響を考慮すること。

　　d. 汚染対策—採取時から，その後の保管に至るまでのヒトによる汚染に注意されていること。

　　これらの注意点は，鑑定人が検査に当たり確認すべき点であると同時に，資料を採取・保管・引渡しをする人間が注意しなければならない点でもある。

⑵　誤鑑定要因の種類と防止策

　　また，藤田・前掲注103）は，ＤＮＡ型鑑定における誤鑑定の防止策を詳細に検討したものであるが，問題領域Ⅱａに関係するものとしては，要旨下表のとおりである。

誤鑑定要因の種類と防止策（藤田・前掲注103）136頁表３から）

誤鑑定要因	防止策
コンタミネーション（汚染）	ヘアキャップ，マスク，ゴム手袋，鑑識・鑑定専用作業着などの着装の徹底化 鑑定資料の保存容器及び採取機材の無菌化，ディスポーザブル化 検査試薬の分注
鑑定資料の取り違え	複数の鑑識係員・捜査員による鑑定資料採取時の記番号記入とダブルチェック 鑑定嘱託書と鑑定資料の整合性の確認 鑑定人による事件ごとの一連記番号の付記 検査用チューブなどのバーコード化 ＤＮＡ検査プレートの記録シート作成と正確性のチェック 別の鑑定人による再鑑定
書類の誤記入	鑑定書と添付書類の記入事項のトリプルチェック
鑑定資料の腐敗・変性	クーラーボックスによる搬送，超低温庫での保管
鑑定資料の紛失	鑑定資料返還・受渡簿・保管簿の整備

⑶　警察の現場における取組

　　さらに，警察の現場においても，警察庁刑事局長通達（平成22年10月21日）「Ｄ

＊189　同指針の運用上の留意事項として，更に次のように定められている（前出鑑識官企画課長通達）。
　　４　鑑定資料取扱上の留意事項（指針５⑵関係）
　　⑴　採取時の留意事項について
　　　ア　乾燥血痕等の採取

ＮＡ型鑑定の運用に関する指針」では，鑑定資料取扱上の留意事項（同通達5⑵）として，以下のように定めている[*189][*190]。

ア　採取時等の留意事項

　資料の採取等に当たっては，次に掲げる事項に留意するとともに，採取状況，採取経過を明らかにするなど証拠の証明力の確保に努めるものとする。また，資料を取り扱う際には，直接手指でこれに触れることのないようにしなければならない。

　凶器や着衣等，持ち運びが容易なものに付着した血痕や精液斑等は，付着したままの状態で採取することが原則であるが，持ち運び困難なものに付着しているなどこれにより難い場合で，乾燥して血粉状又は鱗片状を呈するなど剥離可能な場合は剥がし取って採取すること。前記の方法のいずれにもより難い場合には，蒸留水又は生理的食塩水で湿らせた，ガーゼ又は綿糸等に転写するなどして採取することとなるが，この場合，鑑定の容易性を考慮し，できるだけ濃い状態での採取に努めなければならない。

　イ　毛根鞘が付いている毛髪の収納

　毛根鞘が付いている毛髪を収納する際の収納容器については，毛根鞘が密着して剥離が困難となるものは避けなければならない。

　ウ　ルミノール試薬等の使用限度

　血痕を検索する際に使用するルミノール試薬，精液斑を検索する際に使用するＳＭテスト試薬等の噴霧については，その使用回数によってはＤＮＡを破壊するおそれがあるため，その使用は必要最小限度にとどめること。「必要最小限度」とは，2回程度をいう。

　エ　鑑定嘱託されるまでの措置

　採取等した資料については，鑑定嘱託されるまでの間，必要に応じ，凍結破損しない容器に収納して，冷凍庫又は超低温槽を活用すること。

　オ　口腔内細胞の提出を受ける際の措置

　口腔内細胞の提出を受ける際は，滅菌等された適切な採取キットを使用するとともに，付属の説明書に記載されている指示に従って採取させた後，提出者の面前で密封を行うこと。また，採取資料を汚染することのないよう十分注意すること。

　カ　血液の採取時の措置（略）

⑵　現場資料の鑑定及び鑑定後の留意事項について

　ア　再鑑定に配慮した試料の残余の取扱い

　試料の残余が生じた場合は，鑑定員が鑑定嘱託をした警察署等へ資料の残余とともに返却するものとする。この際，鑑定書等において，試料の採取部位とその残余の関係を明らかにし，鑑定後に返却した旨記載するなど，それぞれの関係性が担保されるよう配慮すること。

　イ　資料の残余又は試料の残余の適切な保存

　再鑑定（警視庁及び道府県警察本部の科学捜査研究所が行うＤＮＡ型鑑定自体が将来高度化するなどの鑑定技術の進歩向上等を踏まえ，捜査の必要により行う再鑑定も含む。）に配慮し，警察署に備え付けの冷凍庫や超低温槽を積極的に活用すること。臓器等，超低温槽での保存が適切と判断されるものは科学捜査研究所と協議の上，適切な保存を行うこと。

　なお，鑑定後に生じた試料の残余で再鑑定が可能と認められれば，試料の残余のみ冷凍庫等で保存することで差し支えない。

[*190]　なお，平成23年2月から，被疑者資料に係るＤＮＡ型鑑定について犯罪鑑識官によるＤＮＡ型鑑定制度が実施されているが，その場合の検査資料では，バーコード等による機械的管理が導入されている。

(ア)　血痕，精液斑等は，可能な限り，付着したままの状態で採取すること。ただし，これにより難い場合で，乾燥して血粉状又は鱗片状を呈するなど剥離可能な場合は剥がし取り，その他の場合は，蒸留水又は生理的食塩水で湿らせた，ガーゼ片又は綿糸等に転写するなどして採取すること。

(イ)　未乾燥の又は流動性を有する血液（(1)イの血液を除く。），精液等は，注射筒等を用いて資料を容器に入れて採取すること。

(ウ)　死体の心臓血及び筋，臓器（心臓，肝臓，腎臓等）等の組織片については，損壊していないものを採取するよう努めること。

(エ)　毛根鞘が付いている毛髪は，一本毎に個別に採取し，適切な容器等に入れるなどして毛根鞘の脱落防止を図ること。

(オ)　血痕を検索する際に使用するルミノール試薬，精液斑を検索する際に使用するSMテスト試薬等の噴霧は，必要最小限にとどめること。

(カ)　資料として被疑者又は被害者等から口腔内細胞の提出を受け，又は被疑者から血液を採取する場合には，刑事訴訟法等の定めに従い適切に行うこと。なお，資料の採取に当たっては，鑑定に必要な量を採取するものとする。

(キ)　採取等した資料は，鑑定嘱託されるまでの間，資料の変質防止等に努めるとともに，他の資料との接触及び混同を防止するため，採取等年月日，事件名，資料名等を記載したラベルを貼付するなどして個別の容器に収納保存すること。

イ　現場資料の鑑定及び鑑定後の留意事項

(ア)　鑑定はなるべく資料の一部をもって行い，当該資料の残余又は鑑定後に生じた試料（府県科捜研において鑑定に使用するため資料から採取等して分離した物をいう。以下同じ。）の残余は，再鑑定に配慮し，保存すること。この際，冷凍庫や超低温槽の活用を図ること。

(イ)　資料の残余又は試料の残余は，他の資料との接触及び混同を防止するため，個別の容器・袋等に収納保存すること。なお，保存容器は凍結破損しないものを使用すること。

(ウ)　(ア)の保存に当たっては，資料の残余については採取・保存年月日，事件名，押収した際の資料名等を，試料の残余については同表記に加えて資料の残余との同一性を明らかにする事項を記載したラベルを貼付するなどして分類保存するとともに，保存簿冊を備え付け，保存の状態を明らかにしておくこと。

(4)　アメリカの例

アメリカでは，ＦＢＩによる品質保証基準（ＱＡＳ）により，各研究所は，施設内での試料の管理システムを策定し，管理の連続性の全過程を書面ないしは電子データで記録しなければならないとされ，実際には，バーコードを付した管理をする研究所が少なくない。

また，資料採取の際の留意的につき，既に引用している文献[191]でも，以下の

---

*191　Butler（福島ほか訳）前掲注102）31頁。

ような点が指摘されている。

- ・　汚染を防ぐため，ＤＮＡがありそうな場所で素手による接触，証拠品の上でのくしゃみ，せきを避けること。
- ・　資料の採取は１件ごとに清潔なゴム手袋を使用すること。手袋は資料の採取ごとに取り換えること。
- ・　各資料は，個別にこん包すること。
- ・　血痕，精液痕，その他のシミは，パッケージを密封する前に徹底的に空気乾燥させること。
- ・　サンプルは乾燥後に紙の封筒，又は，紙の袋にこん包すること。プラスチック袋は，特に高湿度地域で結露するなどにより，ＤＮＡ分子の劣化を加速しかねないため避けること。パッケージには，捜査番号，項目番号，収集日をはっきりと記入し，証拠受渡し記録管理（chain of custody）を維持するため封着した部分全体にイニシャルを書き込むこと。
- ・　移動が不可能なシミ（テーブル又は床など）は殺菌した綿棒と蒸留水により移すことが可能。綿棒にシミが移るまで湿った綿棒でシミのあるエリアを擦ること。何も触らずに綿棒は空気乾燥させること。各綿棒は個別の紙の封筒に保管すること。

第6　ＤＮＡ型鑑定に関する審理及びこれを用いた事実認定

1　ＤＮＡ型鑑定の信頼性の審査

以上において，ＤＮＡ型鑑定の信頼性ないし証明力が争いとなる場合，その問題の所在は，前記第2の2及び【図11】に整理したように，

(1)　採取・保管・鑑定の経過における管理の連続性，すなわち対象物件について適正に鑑定作業が行われたかという問題（Ⅱa）（→前記第5）

(2)　型鑑定自体の信頼性の問題（Ⅱb）（→前記第3）

(3)　対照するＤＮＡ型鑑定との異同識別の問題（Ⅱc）（→前記第4）

に分けて整理でき，それぞれの領域について，ＤＮＡ型鑑定の信頼性，証明力を左右する固有の問題点を概観してきた。

ＤＮＡ型鑑定をめぐる争点の整理及び審理計画の策定においては，当該事案における争いの核心が那辺にあるかが当事者により的確に主張され，それに即した立証が行われるようにする必要がある。

2　証拠開示の在り方

第1章第6でも述べたように，前記1のようなＤＮＡ型鑑定に関する争点の整理及び審理計画の策定をするためには，1(1)ないし(3)のそれぞれの領域において，当該鑑定（又はその対象となる資料）に関して作成，収集された資料で，当該鑑定の信頼性，証明力に関する資料は，少なくとも主張関連証拠としては，特に開示によって生じる弊害が認められるのでない限り，開示の相当性が肯定されることになるものと考えられる。

具体的には，次のような資料が開示の対象として考えられるであろう。

(1)　採取・保管・鑑定の経過における管理の連続性に関する資料

ア　現場資料自体（再鑑定の要否，可否・適否に関しても重要であると思われるが，開示に当たっては，改変や汚染等が起きないような配慮と工夫が必要である。）

イ　現場資料，対照資料に係る各捜索差押調書，任意提出書，領置調書

ウ　現場資料，対照資料の各採取前，採取中，採取後の状況を明らかにし，又はその手続を記録した実況見分調書，捜査報告書，写真撮影報告書等

エ　鑑定嘱託書

オ　捜査機関又は鑑定機関内における当該資料に係る出し入れ，管理の記録など

カ　現場資料，対照資料の鑑定前，鑑定後の状況を明らかにした記録等

(2)　型鑑定自体の信頼性に関する資料

ア　当該型鑑定に係るエレクトロフェログラム（複数回行われた場合は各回のデータのほか，陰性検査，陽性検査のデータを含む。）

イ　鑑定作業の手順及び経過を記録した鑑定ノート等

ウ　同一試料につき異なる機会の検査結果の突き合わせ・照合や他の者による審査が行われている場合は，その経過及び結果を記録した資料等

(3)　異同識別に関する資料

統計学的分析を行った過程に関する記録，シミュレーションデータなど

3　再鑑定（再検査・再評価）

再鑑定（再鑑定・再評価）については，ＤＮＡ型鑑定についても，前記第1章第7の2(1)アで述べたところと同様である。ＤＮＡ型鑑定が，重要な争点に関し重みのある位置付けを与えられており，弁護人から，当該ＤＮＡ型鑑定について問題点あるいは再鑑定を行えば別の結論となる可能性についてある程度具体的な指摘がされた場合には，再鑑定を採用することも考えられよう。

ただし，鑑定結果が一致する場合には，相互に信頼性が高められることになるため問題は生じないが，結果が一致しない場合（相反する場合はもちろん，矛盾しないとしても，検出できた座位が前後で異なるような場合にも，問題は生じ得る。）には，既存鑑定の結果と違いが生じた原因や，前後いずれが信頼に足りるといえるかについての解釈・評価が避けられなくなり，審理でそれを採り上げざるを得なくなる。したがって，そのような審理に備えた資料が得られるように，あらかじめ鑑定方法，鑑定事項について検討しておく必要がある。

そのような観点からの再鑑定（再検査）の留意事項として，差し当たり次の点が指摘できるであろう。

(1)　再度鑑定に付すことは，それ自体が現場資料を新たなコンタミのリスクにさらすものであることについての認識が必要である。公判段階の鑑定であり，当事者の立会いも認められるが，前記リスクを増大させないような工夫と配慮が求められる。

(2)　新たに鑑定に供する試料の位置付けを，旧鑑定の試料採取部位，検査方法，検査結果との関係で事前によく整理しておく必要がある。

ア　既存鑑定の信頼性自体を検証する趣旨での再鑑定であれば，試料採取部位，検査方法とも，既存鑑定と同一性ないし近似性が保たれるような条件で実施す

べきである。適当な保存環境下にないまま時間が経過したなど，既存鑑定後の試料の劣化が進んでいる場合などには，条件の違いといえる事情の抽出，評価も併せて検討してもらうのが相当であろう。このような配慮をしないまま漫然と再鑑定を実施すると，仮に異なる鑑定結果が得られた場合，その結論の違いについて合理的な説明を加えるだけの解釈の糸口がないことになりかねず，この点についての第三鑑定が必要になるおそれがある。

　イ　新しい鑑定技術により，既存鑑定の見直しの余地を探る場合にも，その新技術による鑑定の試料は，既存鑑定の試料との同質性が認められるものである必要があり，既存鑑定実施時と試料の条件が変化しているとみられる点があれば，それらによる影響についての検討も必要である。また，この場合も，鑑定結果の評価に際し，既存鑑定との対比が不可避となるところ，それが前記アのレベルの問題なのか，技術の違いによるものなのかの判別が必要になるから，同一方法の鑑定の再実施が可能である限り，それも実施すべきであるし，それが不可能な場合（複数方法の検査に供し得るだけの資料が残っていないとか，検査機器や試薬が現存しないなど，同一の検査検査が技術的に困難になっている場合）には，既存鑑定のデータ等の記録による検証を併せて行ってもらった上で，新たに得られた鑑定結果と比較，検討，評価をした意見を示してもらうのが相当であるように思われる。

　ウ　再鑑定の趣旨が，現場資料につき既存鑑定とは異なる箇所の検査を求めたり，別の現場資料の検査を求めたりする場合には，これらは全く新たな検査で，既存鑑定の信頼性，証明力に影響しないといってよいが，他方，その鑑定の必要性については，新たに鑑定に供しようとする対象物件の事件との結び付きや事実認定上の意味合い（前記第2の1参照）に照らして，慎重に検討することになろう。

　エ　なお，前記ア，イのような場合には，既存鑑定と同一の結論が得られた場合には，鑑定の信用性を巡る審理はしないで済むことになるものと思われる。

4　裁判員裁判を念頭に置いた分かりやすい審理の在り方

(1)　DNA型鑑定に関し裁判員に求められる理解の程度

　ア　裁判員も，取り調べられた証拠に基づき事実認定をする以上，DNA型鑑定について，証明力（証拠価値）の評価に必要な科学的知見の理解は求められるというべきであろう[192]。しかし，そこで求められる理解のレベルが専門家と同レベルである必要がないことは，非専門家である法曹も含めて同じである。

　　それでも職業法曹は，執務経験や様々な研究会等での研さん又は事件処理のための予習などにより，一定の一般的知識を身に付けているのが普通ではあるが，裁判員については，そのようなことは予定されていないから，義務教育修了（裁判員法14条1号参照）を前提に，法廷において見聞きした証人尋問など

---

*192　もっとも，争いのない事件では，より直接的な証拠を支える傍証の一つという位置付けになろうから，その限りで，鑑定結果の国語的理解で足りる場面がないわけではないように思われる。

の証拠調べを通じて，そのような素地があれば理解できる水準が一つの目安になるものと考えられる。その上で，証拠の信頼性，証明力の評価においては，十分な資質を有する専門家が，適正な手続に従って鑑定をし，その結果得られた鑑定結果であるかどうかを自ら判断して，当該証拠により何が認められる（認められない）か，という自己の意見を形成できれば（そして，他の裁判官や裁判員との意見交換を経た上で，最終的に形成した自己の心証に基づいて評決に参加できれば），それで足りるということであろう（第1章第10の3参照）。

 イ このような観点からは，ＤＮＡ型鑑定について，裁判員にも理解してもらう必要がある情報・知見の範囲も，証明力（証拠価値）の評価に必要な限度にとどまるというべきで，鑑定人や専門家証人が判断を導く上で必要とする科学的専門的知識の全範囲というわけではないこともおのずから明らかであるように思われる。当事者は，当該事件におけるＤＮＡ型鑑定の位置付けと，信頼性，証明力に関する争いの所在とを意識し，その判断に必要な限りで，鑑定に関する情報と問題の所在を簡潔かつ分かりやすく裁判員が参加する裁判体に提供する必要がある。そのための方策として，公判前整理手続において，争いのある事柄を明確化しその性質や立証における位置付けを整理しておくことに加え，その点について専門家証人に分かりやすい説明をしてもらえるように事前にカンファレンス*193 を行っておくのが有益であろう。

(2) **証拠調べの留意点**

 ア 当事者主義の下では，科学的証拠等の内容が難解な証拠について，特に裁判員にも分かりやすく提示することは，一にも二にも当事者の責任であることを再確認しておく必要がある*194 *195。

---

*193 専門家証人に対するカンファレンスの意義及び内容については，精神鑑定の鑑定人・鑑定受託者の証人尋問につき司法研究報告書61輯1号「難解な法律概念と裁判員裁判」（平成21年）46頁で論じられているところを参照。

*194 アメリカにおける科学的証拠の実情を調査した最高裁刑事局付（現東京高裁）伊藤ゆう子判事は，その報告中において，ベテランのＤＮＡ専門弁護人であるロバート・Ｄ・ブレイジャー弁護士（ROBERT D. BLASIER サクラメント郡弁護士会において10年前からＤＮＡ事件を専門とする弁護士養成コースを開設。Ｏ．Ｊ．シンプソンの弁護団の1人）にインタビューした際の同弁護士の発言として，「証人尋問が難解であり混乱すればするほど，陪審員は結論に飛びつきたがる。弁護人としては，本当に問題提起をしたい点にのみ絞って反対尋問をすることが最善の策である。」旨述べていたことを紹介しているが，非常に示唆に富む。

*195 第1章第5の5(1)ア(ア)で論じたとおり，裁判員制度においては，陪審制度と異なり，裁判官も，裁判員と共に評議に加わり，法令の解釈に係る判断及び訴訟手続に関する判断を示す（裁判員法66条1項，3項）だけでなく，裁判員に対して必要な法令に関する説明を丁寧に行うとともに，評議を裁判員に分かりやすいものとなるように整理することなど，裁判員がその職責を十分に果たすことができるように配慮することが求められている（同条5項参照）。しかしながら，取り調べられた証拠の内容に関する裁判員の理解は，公判廷における立証から形成されるべきであり，裁判員の疑問の解消も，証人等に対する補充質問を活用するなどして行われるのが本筋である。したがって，評議の場などで，裁判官がＤＮＡ型鑑定などの科学的証拠に関する裁判員の理解を補充することまでは，予定されていないと理解すべきであろう。科学的証拠については，裁判官も素人なのであり，裁判官自身に誤解が

イ　専門的領域に係る事柄について，正確性を損なわずに分かりやすく説明する方策として，写真，図表，模型，動画等の視覚補助（ビジュアル・エイド）ツールの活用は有効である。ＤＮＡ型鑑定が問題となる事案では，現在，公判審理において，その理解を助けるため，比較的短時間の説明ビデオ[*196] が利用されるなどしている。

　　前述のとおり，ＤＮＡ型鑑定に関して提供されるべき情報量は，当該事件におけるＤＮＡ型鑑定の立証上の位置付けと，信頼性，証明力に関する争いの所在とに即し，その判断に必要な限りで足りるのであるから，常に前記ビデオが最適ないし必須であるというわけでもないであろう。事案に応じ，前述のようなポイントを絞った尋問に必要な範囲で，当事者が専門家証人と打ち合わせて，裁判員を交えた裁判体の理解を助けるのに有効な視覚補助的ツールを工夫して用意し，これを活用した尋問が行われれば，「見て，聞いて，分かる」科学的証拠の取調べに大いに益するものと思われる。

ウ　なお，ＤＮＡ型鑑定に関する鑑定人その他の専門家証人の尋問に当たっては，分かりやすさの観点から，尋問の最初に，鑑定事項に関する当該証人の説明を一通り述べてもらう，いわゆるプレゼンテーション方式が用いられる運用が少なくない。しかし，専門家証人に説明内容を全て委ねてしまうやり方は，一歩間違えると，講義調の説明が長時間続くことによる，聞き手側の注意力の弛緩や関心の拡散を招き，結果として分かりにくい（内容を十分理解できない）尋問となる懸念があることを忘れてはならないであろう。また，専門家証人は，科学的正確性を期するため，しばしば難解な言葉で語りたがったり，不必要に詳細な事項まで説明しようとしたりする傾向があるし，事件について自身が知り得た知識も交えて，自らが分析したことの射程を超えた事項にわたる意見も述べてしまうなど，関連性や場合によっては許容性にも問題のある事項に言及してしまうこともないとはいえない。事前に専門家証人も交えたカンファレンスで，何についてどの程度のレベルの説明を求めるのか，言い換えや説明方法に工夫が必要な難解な概念としてどのようなものが想定されるのかなどについて，十分な打合せをしておくことが必要であろう。

　　また，裁判所が選任した鑑定人に口答で鑑定結果の報告を求める場合は，手続上プレゼンテーション方式が適切である場合が多いであろうが，起訴前鑑定や弁護人が委嘱した私的鑑定等の鑑定受託者等を専門家証人として尋問する場

あるおそれがあることを自戒すべきであって，取り調べた証拠の内容の再確認（その限度で，裁判員の疑問・質問に応じたり，裁判員が公判廷で取り調べた証拠の内容を明らかに誤解しているような場合に，意見交換の過程でこれを是正したりすることも含まれよう。）にとどめるべきではなかろうか。もとより，裁判官としては，当事者の発問により呈示された専門的な知見や観点に加え，自らの習得した科学的知識・観点を加味することが相当であると考えたり，それが裁判員の理解を助けることにも有益であると考えたりすることはあるであろうが，それらが公知の事実といえるものであっても，自らの知識を基に裁判員に説明することは避けるべきであり，補充尋問により専門家証人から顕出させた上で用いるのが相当であろう。

[*196] 科学警察研究所編「警察におけるＤＮＡ鑑定」。

合には，当事者が，専門家証人から，難解な概念や事項について，簡潔で分かりやすい回答（いわば「一口サイズ」（bite-size chunk）の答え）を引き出せるように質問事項を工夫し，また事前に専門家と十分打ち合わせるなど，十分な準備をして臨むなら，専門家証人であっても，本来の尋問方式である一問一答の交互尋問が分かりにくいということはないはずである。そもそも，証人尋問でどのような答えをどのような順序で引き出すかは，それぞれの立証と弾劾の必要性の観点から，本来法律家である当事者がコントロールすべき事柄なのであり[197]，専門家証人がその例外ということはないであろう。専門家証人に対する標準的な尋問の姿を検討する上で，一問一答の交互尋問を等閑に付してしまうのは相当ではないと考える[198]。

5　ＤＮＡ型鑑定による事実認定

　ここで，ＤＮＡ型鑑定の信頼性及び証明力についてこれまでに検討してきたところを踏まえ，【図10】のⅠ及びⅡの各結び付きとも強固であることが明らかである，前記第2の1に掲げた設例（101頁）について，腟内液に含まれた精子のＤＮＡ型が被告人のＤＮＡ型と一致したという間接事実のみによって，被告人が当該強姦の犯行の犯人であると合理的疑いを入れない程度に推認されるといえるか，という問題について検討しておきたい。

　重ねて断っておくが，飽くまでその推認を動揺させるに足りる他の事実，証拠がない限りにおいて，という留保の下における考察である。

(1)　本設例においては，現場資料である腟内液に含まれる精子は，強姦の犯行そのものの痕跡であり，まさにその精子を残した者こそ犯人であることが明らかであるといえる。そして，これまでに論じたところに照らし，ＤＮＡ型鑑定の信頼性に疑義を入れる事情がないとすれば，現場資料と対照資料とのＤＮＡ型がＳＴＲ型による15座位の全てにおいて一致し，混合資料とも疑われないときには，その現場資料は，合理的な反証がない限り，対照資料提供者に由来するものと認定するのが自然法則に合した合理的認定といえると考えられる。現在のＤＮＡ型鑑定が型判定であり，論理的に唯一無二性を証明できるものではないとしても，天文学的数字分の1という偶然一致の蓋然性の乏しさは，自由心証主義の下，社会常識的判断の下で十二分に同一性を断定する根拠となるものと思われるからである。

　そうすると，まず，本件では，犯行の痕跡であることが明らかな現場資料が，信頼に足りるＤＮＡ型鑑定によって被告人に由来すると認められることと併せ

＊197　裏側からの論述であるが，石丸俊彦ほか「刑事訴訟の実務（三訂版）下」（新日本法規，平成23年）456頁参照。

＊198　前注194）でも紹介した伊藤局付の報告によれば，米国の法廷では，専門家証人であっても，証人尋問は一問一答によっており，長々とした答えは，「説明的答え（narrative answer）」として，裁判官によって制限されることが多く（ただし，専門家証人については，多少の説明的答えも許される場合がある。），また，当事者も，尋問を主体的にコントロールする立場から，専門家証人が講義調に説明を行うことには消極的であるという。本項の論述は，同報告に負うところが大きい。

て，犯行又は犯人と被告人とを強く結び付け，特段の事情がない限り，犯人性等を推認するに足りる間接事実（情況証拠）を構成するものといえる。

(2) 他方，被害者は，矛盾しないという点を超えて，犯人識別に意味のある特徴を把握しているとはいい難いから，被告人の犯人性認定に当たり，ＤＮＡ型鑑定により認められる事実をも要素とする前記(1)の間接事実は，「唯一の証拠」となる。

(3) 科学的証拠につき，いわば「補強証拠」が必要かが論じられる真の実益があるのは，このような場面に限られる。

  ア まず，科学的証拠から認定できる事実だけでは，通常は要証事実の認定に意味ある事実を構成することができないのであり，その意味で科学的証拠には多くの場合独立性がなく，その意味での「補助」性は自明である。すなわち，他の事実と併せて初めて意味のある間接事実を構成するのであるから，科学的証拠単体を捉えて，唯一の証拠かどうかを論じても意味はないのであり，このような事実群としての間接事実を単位として，初めて唯一の証拠とした認定の許否を議論する意味がある。

  イ 次に，そもそも科学的証拠を核として構成された情況証拠だけでは，合理的な疑いを超えるほどの推認力が生じない場合には，他の証拠の存否は，これらを併せた総合認定として，合理的疑いを超えることができるかどうかというだけの問題になるから，ここで有罪認定に他の証拠が必要であるということは，これまた当然のことを述べているにすぎない。

  ウ そこで，上記アのような意味における間接事実と構成することを前提として，かつ，イのような場合を除外し，それだけで十分な証明力がある場合でも，それを唯一の証拠としての有罪認定を許すべきではなく，政策的に自由心証主義を制限して，なお他の証拠の存在を要請するものとするかどうかが，補強証拠要否の問題なのである。

(4) ところで，性質上直接証拠である自白に関し補強証拠が必要とされるのは，自白が犯罪体験者の告白として過大に評価される危険があり，そのために任意性のない自白により誤判を招いてきた反省の下，自白の偏重を避けることによって誤判を防止するため（虚偽排除的側面），間接的には，自白の強要を防止するため（人権擁護的側面），であると考えられる。これに対し，科学的証拠に関しても，過大評価の危険がいわれるが，本研究では，そのような危険を回避し，等身大にこれを評価するための種々の視点を提供した。科学的証拠は，その根拠，事実認定上の位置付け及び限界を理解して臨むなら，それ自体は客観的，中立的で極めて安定性の高い証拠であり，むしろ適正な事実認定のための基礎を提供するものであって，これを忌避し，あるいは抑制的に利用しなければならない合理的な理由はない。

  また，科学的証拠の信頼性を支えるものは，基本的にそれ自体の科学性であり，その科学性を支えたり補強したりする証拠（追試や再検証のほか，他の方法で鑑定しても同旨の結果が得られたことなど）は別として，それ以外には，他にも符合する証拠があるから信頼できると扱えるような論理的関連はない。他の証拠と

結論的に符合していても，科学的な基礎において誤りを犯していれば，その一事で全く信頼に値しない無価値な証拠とならざるを得ない。また，相反する証拠との関係は，まさに個別の証拠の信用性・証明力の吟味の問題であり，一方が当然に優越・劣後の関係に立つものでもないのである。

　科学的証拠による事実認定を確かなものにする上で必要なのは，その基礎となる科学的知見及び技術の確かさと，これにより事件に関係する資料が解析されるまでの経過の確かさ，さらに，得られた結果を等身大に評価することに尽きるのであって，これに加えて補強証拠を要請するような政策的根拠もなければ，それが有効であるともいえないというべきである。したがって，理論的に補強証拠が必要であるという解釈が帰結されるものではなかろう。

⑸　前記第2の1⑷（100頁）に紹介した諸説（前記注136ないし注138）は，いずれもＤＮＡ型鑑定を含む科学的証拠を唯一の証拠として有罪認定することにつき否定的ないし消極的な姿勢を示していた。しかし，それが論じられ，又は，前提にした時期においては，ＤＮＡ型鑑定の識別力がそれほど高くなく，そのようなＤＮＡ型鑑定を前提とする以上，これを構成要素とする間接事実が，それだけで有罪認定をするに足りるほどの推認力を生じ得るとは考えられなかったという側面があることは否定できず，その限りで，理由付けの当否はともあれ，合理的な考え方であったともいえる。

　しかし，基本的に裁判体の自由心証の問題ではあるが，現在のＳＴＲ15座位によるＤＮＡ型鑑定の識別力を前提とすれば，設例のようなケースでは，ＤＮＡ型鑑定を要素として構成される間接事実により，犯人性について確信に達する心証を形成できるものと思われる。他に補強する証拠がないからといって，それのような心証形成を許さないものとするのは，甚だ不合理で，健全な社会常識にもそぐわないように思われ，また，刑事裁判における事実認定の在り方としても，他の証拠による認定の場合と整合しないように思われる[199]。

　設例において，ＤＮＡ型鑑定を構成要素とする唯一の間接事実がその犯人性を優に推認させ，これを揺るがす事実や証拠がないような場合には，これのみによる有罪認定も許されると解されよう[200][201]。

---

[199] なお，有罪認定に必要とされる立証の程度としての「合理的な疑いを差し挟む余地がない」というのは，反対事実が存在する疑いを全く残さない場合をいうものではなく，抽象的な可能性としては反対事実が存在するとの疑いをいれる余地があっても，健全な社会常識に照らしてその疑いに合理性がないと一般的に判断される場合には有罪認定を可能とする趣旨である，と判示する最決平成19年10月16日・刑集61巻7号677頁参照。

[200] 池田修・前田雅英「刑事訴訟法講義（第4版）」477頁。

[201] なお，最判平成22年4月27日・刑集64巻3号233頁が，情況証拠による有罪認定について「認められる間接事実中に，被告人が犯人でないとしたならば合理的に説明することができない（あるいは，少なくとも説明が極めて困難である）事実関係が含まれていることを要する」と説示していることとの関係で考察しても，本件設例におけるＤＮＡ型鑑定を要素として構成される間接事実は，まさに「被告人が犯人でないとしたならば合理的に説明することができない事実関係」にほかならないものといえるであろう。

(6) 以上に論じたことは，捜査や公判審理において他の傍証が不要であるという意味ではない。ＤＮＡ型鑑定を核とした情況証拠以外にも，要証事実の認定に有効な傍証があることは，その事実認定をより容易かつ安定感のあるものとし，納得も得られやすいものとするであろうことは多言を要しない。また，情況証拠による認定である限り，常に「特段の事情のない限り」という留保が付くのであり，反対証拠の存在可能性も含めた慎重な吟味がおろそかにされてはならないことも当然である。

また，繰り返し述べているように，対照資料提供者に由来すると認められる現場資料の存在が，事件・犯人とどのような結び付きを有するのかが明らかにならなければ，ＤＮＡ型鑑定により得られた客観的事実の要証事実立証上の価値は定まらない。事実認定の問題というよりも，捜査・訴追側の課題というべきであるが，現場資料の持つ意味を明らかにする資料の収集，保存，法廷顕出（適切な立証）が捜査及び審理の要となるといえるのである。特に公訴時効が撤廃された重大事件において，供述証拠の欠亡・劣化が避けられないことを踏まえると，ＤＮＡ型鑑定に供された現場資料の遺留状況及びこれと事件・犯人との関連性を明らかにする客観的資料の収集と保存は，欠かすことができないといえよう。

第7 まとめ

ＳＴＲ型で，しかも複数の座位を組み合わせるという現状のＤＮＡ型鑑定のレベルは，個人識別能力という意味では既に究極の域に達していると考えてよい。理論的には，将来の再鑑定によって現在の鑑定結果が覆る可能性は極めて少ない。ただ，確率論の中で，どこまでが絶対で，どこまでがそうでないのかという比較は，難しい。とはいえ，15座位による4兆7000億人に1人という識別精度ではまだ不安だから，16座位，17座位にして10兆人，100兆人に1人の識別精度にするというのは，恐らく無意味であろうと思われる。現状の精度を前提とすれば，感度を上げたり識別精度を更に向上させたりすることについてのこの先の技術の進歩を期待するよりも，採取から検査結果の評価までの全過程を通した「鑑定を正しく行うこと」が何よりも重要であろう。

もっとも，ＤＮＡ型鑑定がほぼ完成された領域であるからといって，犯罪捜査，事実認定に有益な新技術等につき，研究者や実務家の絶え間ない創意工夫は推奨されるべきであるし，その成果を利用して真相解明に役立てることをためらう必要はないであろう。

しかし，その成果を用いて正しい判断をするためには，その理論，技術の到達点と限界を正しく理解することが不可欠である。理論的根拠が納得し得るものであるというだけで，検査結果とその持つ意味を過信・過大評価してはならないし，実務に応用するに足りる技術評価が十分になされているかについても，検証を忘れてはならないであろう。さらに，科学技術や知見が，ある事象の解析やその結果の評価に使われている場面が，その技術・知見の本来的に予定する範ちゅうのものなのか，限界的な領域への応用を試みたものなのかにも留意しなければならない。

ＤＮＡ型鑑定は，解析技法としては完成の域に達したものといえる。しかし，証

拠として果たす役割は，現場資料が対照資料提供者に由来するかどうかという一点に限られ，これが持つ意味は事案によって千差万別であるし，混合資料や微量資料の検出結果については，型判定や異同識別の評価について，難解な解釈の問題を残している。事案に即した的確な評価が求められる。

平成22年度司法研究員等氏名及び研究題目

第64輯第2号

科学的証拠とこれを用いた裁判の在り方

協力研究員

　　東 邦 大 学 医 学 部 教 授　　黒 﨑　久仁彦
研 究 員
　　東 京 地 方 裁 判 所 所 長 判 事　　岡 田　雄 一
　　（委嘱時　東京高等裁判所判事）
　　大 阪 地 方 裁 判 所 判 事　　遠 藤　邦 彦
　　名 古 屋 高 等 裁 判 所 判 事　　前 田　　巖
　　（委嘱時　東京地方裁判所判事）

科学的証拠とこれを用いた裁判の在り方	書籍番号　500606

平成25年3月31日　第1版第1刷発行
令和6年10月15日　第1版第3刷発行

編　集　司　法　研　修　所
発行人　福　田　千　恵　子

発行所　一般財団法人　法　曹　会

〒100-0013　東京都千代田区霞が関1-1-1
振替口座　00120-0-15670
電　話　03-3581-2146
https://www.hosokai.or.jp/

落丁・乱丁はお取替えいたします。　　印刷製本／中和印刷㈱

ISBN 978-4-86684-113-7